知识就在得到

A
Comprehensive
Mirror
to Aid in
Government

Series.IV

资治通鉴

熊逸版

熊逸 著

第四辑 汉家隆盛 ⑥

Xiong Yi
Edition

新星出版社　NEW STAR PRESS

目录

第六册

——汉武帝元狩元年至二年

123 汉武帝为什么再次启动西南夷工程　1073
124 江都国到底出了什么大事　1083
125 汉朝怎么应对四万匈奴归降　1093

——汉武帝元狩二年至三年

126 金日䃅是怎么以奴隶之身上位的　1101
127 武帝为讨伐昆明做了哪些准备　1110

——汉武帝元狩四年

128 汉政府怎么应对国库空虚　1120
129 张汤设计了哪些财政改革措施　1129
130 儒家为什么反对把卜式树为榜样　1138
131 汉朝远征匈奴战果如何　1146
132 霍去病如何取得了非凡战果　1156
133 司马迁如何褒贬同时代的三位名将　1163
134 武帝为什么会逼狄山去送死　1171

135 义纵和王温舒是怎样的酷吏　　1179
136 武帝为什么采取雷霆手段治国　　1188

汉纪十二

世宗孝武皇帝中之下

——汉武帝元狩五年
137 为什么汉代会兴起太一神信仰　　1201

——汉武帝元狩六年
138 霍光是怎么进入武帝视野的　　1212

——汉武帝元狩六年至元鼎元年
139 腹诽的罪名是怎么来的　　1222

——汉武帝元鼎二年
140 酷吏张汤是怎么获罪的　　1231
141 张汤案是怎么办的　　1240
142 张汤为什么必须死　　1248
143 承露盘是怎么成为文化语码的　　1256
144 如何评价桑弘羊的均输平准　　1265
145 盐铁政策有没有两全其美的方案　　1272
146 五铢钱是怎么一统天下的　　1280
147 汉帝国是怎么开启西域经营的　　1288

——汉武帝元鼎二年至三年
148 武帝是怎么扩大关中地理疆域的　　1297

汉武帝元狩元年至二年

123
汉武帝为什么再次启动西南夷工程

原文：

夏，四月，赦天下。

丁卯，立皇子据为太子，年七岁。

五月，乙巳晦，日有食之。

匈奴万人入上谷，杀数百人。

武帝委派公羊学专家，以《春秋》大义定夺淮南谋反大案，结果牵连很广，杀人很多。朝廷下一步该怎么做呢？

经典模式就是：发布大赦。这也算一张一弛，文武之道。人头滚滚之后，紧接着一场大赦，相当于昭示天下：案子到此结束，既往不咎，大家安心过日子吧。

武帝随即立刘据为太子。这一年刘据七岁。

五月日食，随后有匈奴上万人进犯上谷郡，杀数百人而还。

匈奴问题就是这样难以解决。虽然卫青、霍去病已重创匈奴，但这种游牧民族机动性太强，来去如风。

张骞见闻

原文：

初，张骞自月氏还，具为天子言西域诸国风俗："大宛在汉正西，可万里。其俗土著，耕田；多善马，马汗血；有城郭、室屋，如中国。其东北则乌孙，东则于寘。于寘之西，则水皆西流注西海，其东，水东流注盐泽。盐泽潜行地下，其南则河源出焉。盐泽去长安可五千里。匈奴右方居盐泽以东，至陇西长城，南接羌，鬲汉道焉。乌孙、康居、奄蔡、大月氏，皆行国，随畜牧，与匈奴同俗。大夏在大宛西南，与大宛同俗。臣在大夏时，见邛竹杖、蜀布，问曰：'安得此？'大夏国人曰：'吾贾人往市之身毒。'身毒在大夏东南可数千里，其俗土著，与大夏同。以骞度之，大夏去汉万二千里，居汉西南；今身毒国又居大夏东南数千里，有蜀物，此其去蜀不远矣。今使大夏，从羌中，险，羌人恶之。少北，则为匈奴所得。从蜀，宜径，又无寇。"

对于匈奴，怎么办呢？当然还要继续打，不过另一套方案也开始启动了，就是恢复西南夷的建设工程。只是，为何打匈奴要在西南夷用力呢？这不是南辕北辙吗？

方案是张骞提出的。当初张骞回到长安，向武帝描述西域见闻，说匈奴在西方和羌人相邻，刚好把大汉和西域隔开了。以今天的地理来讲，羌人主要活动在青海省东部，匈奴的势力可以控制甘肃临洮的秦长城沿线以外，向西直到新疆罗布泊的东部。西域的主体部分在今天的新疆和中亚的东部地区。汉帝国若要和西域诸国建立联系，有南、北两条路：南道要穿过羌人地界，会被羌人阻拦；北道走祁连山北麓，后来被称为河西走廊一带，那是匈奴地界，更不易穿过去，所以必须另辟蹊径。

张骞谈到，自己在大夏国时，看到过蜀郡特产的布匹和西南夷特产的竹杖，一问之下，这些是商人从身毒（yuān dú）国采购来的。

张骞所到的大夏国，大体上在今天的阿富汗一带，身毒国可能是印度一带。张骞推断，身毒国应该距离蜀郡不太远，只要从蜀郡出发，找到身毒国，再从身毒国到达大夏国，自然就避开了匈奴和羌人的拦截，路还近些。

复事西南夷

原文：

天子既闻大宛及大夏、安息之属，皆大国，多奇物，土著，颇与中国同业，而兵弱，贵汉财物。其北有大月氏、康居之属，兵强，可以赂遗设利朝也。诚得而以义属之，则广地万里，重九译，致殊俗，威德遍于四海，欣然以骞言为然。乃令骞因蜀、犍为发间使王然于等四道并出，出駹，出冉，出徙，出邛、僰，指求身毒国，各行一二千里，其北方闭氐、筰，南方闭嶲、昆明。昆明之属无君长，善寇盗，辄杀略汉使，终莫得通。于是汉以求身毒道，始通滇国。滇王当羌谓汉使者曰："汉孰与我大？"及夜郎侯亦然。以道不通，故各自以为一州主，不知汉广大。使者还，因盛言滇大国，足事亲附，天子注意焉，乃复事西南夷。

武帝听张骞讲述西域奇闻，听到远方有大宛、大夏、安息，都是农业立国的大国，和汉帝国一样。而它们武备薄弱，喜爱汉帝国的货物。还有乌孙、月氏、康居那样的游牧政权，虽然武力强大，却可以用金钱收买。如果让这些政权统统归附大汉，就可以拓展万里疆域。

武帝的雄心壮志就这样被张骞点燃了。于是他命令张骞主持，从蜀郡、犍为郡派出一大批使者，四路并出，探索通往身毒之路。到底谁能把路走通，就看谁的耐力好、运气佳了。

但谁的运气都不好。一路上部落林立，都不肯开放关卡，放汉使通行。那些地方到处都是强盗，杀人越货成风。最后，有一批使者好不容易走到了滇国，就是今天的云南昆明一带。若可以通过滇国，接下来就离身毒国不远了。

滇王名叫当羌，向汉使者问出一句名言："汉孰与我大？"当然这话不只滇王问过，夜郎王也问过，所以留下了"夜郎自大"的成语。毕竟这里崇山峻岭，信息特别封闭。汉使虽然没能通过滇国，但回国之后提供了一个重要信息，说滇国是一个大国，应该让它归附朝廷。就这样，武帝终于重启了停摆已四年之久的西南夷工程。

北伐匈奴

原文：

（二年）

冬，十月，上幸雍，祠五畤。

三月，戊寅，平津献侯公孙弘薨。壬辰，以御史大夫乐安侯李蔡为丞相，廷尉张汤为御史大夫。

霍去病为票骑将军，将万骑出陇西，击匈奴，历五王国，转战六日，过焉支山千余里，杀折兰王，斩卢侯王，执浑邪王子及相国、都尉，获首虏八千九百余级，收休屠王祭天金人。诏益封去病二千户。

夏，去病复与合骑侯公孙敖将数万骑俱出北地，异道。卫尉张骞、郎中令李广俱出右北平，异道。广将四千骑先行，可数百里，骞将万骑在后。

元狩二年（前121年），冬十月，武帝到雍县祭祀。三月，丞相公孙弘过世，以乐安侯御史大夫李蔡为丞相、廷尉张汤为御史大夫。

李蔡是李广的同宗兄弟，和李广有着一样的职场起点，一样出征匈奴，但他以军功受封乐安侯，还接替公孙弘做了丞相，把李广远远甩在了身后。然而，一个人在现实世界中的分量和他在后人心目中的分量可以天差地别——汉代以后已很少有人知道李蔡是谁，但读书人有谁不知道李广呢？李蔡虽然做了丞相，却也谈不上有多大建树。

这一年要论建树，第一名无疑是霍去病。他率领万人规模的骑兵军团，从陇西郡出发，深入匈奴腹地，转战六日，越过焉支山千余里，斩杀并俘获了匈奴的几位重要首领，斩首八千九百余级，还缴获了休屠王祭天金人。这样的战果，对比五月匈奴万人入上谷郡的杀伤数字，是近乎二十倍的报复。更惊人的是，这是一支孤军深入敌人腹地打出来的战果。

汉帝国随即对匈奴发起了第二轮强攻：霍去病、公孙敖率数万骑兵，从北地郡出发；张骞、李广从右北平郡出发，分道挺进。右北平这一路，李广率四千人为前锋，张骞率一万骑兵缀在几百里之后。汉军北征十分看运气，在茫茫草原上，既有可能走了一圈却丝毫没有敌军的踪影，也有可能突然遭遇敌军，陷入敌众我寡的局面。

李广突围

原文：

匈奴左贤王将四万骑围广，广军士皆恐；广乃使其子敢独与数十骑驰贯胡骑,出其左右而还,告广曰:"胡虏易与耳!"军士乃安。广为圜陈,外向,胡急击之,矢下如雨,汉兵死者过半,汉矢且尽。广乃令士持满毋发,而广身自以大黄射其裨将,杀数人,胡虏益解。会日暮,吏士皆无人色,而广意气自如,益治军,军中皆服其勇。明日,复力战,死者过半,所杀亦过当。会博望侯军亦至,匈奴军乃解去。汉军罢,弗能追,罢归。汉法:博望侯留迟后期,当死,赎为庶人。广军功自如,无赏。

李广这次遇上的是后一种情况。匈奴左贤王以四万骑兵迎战,刚好是兵法所谓的"十则围之",以十倍的兵力把李广部队团团围住。

李广的当务之急是稳定军心,只要军心不乱,就能多撑一段时间,等来张骞的援军。具体打法是:李广之子李敢率几十名骑兵直扑匈奴军阵,左冲右突之后并不恋战,迅速撤了回来,高声报告李广说:"这伙匈奴人很容易对付!"

这种打法,看上去是在试探敌情,其实关键是在全军面前做出示范,以消除恐惧,提振士气。

接下来,李广指挥部队结成圆阵,三百六十度无死角防御。匈奴发动强攻,箭如雨下。

长时间互射之后,汉军死者过半,箭也快射光了。

李广下令，全军箭上弦，做好随时射击的准备，但持而不发。李广自己用一部名为"大黄"的武器射击匈奴首领，连杀数人，迫使匈奴放缓了攻势。

"大黄"到底是什么武器，已不得而知，不过从出土的居延汉简来看，可以确定它是弩的一种。（王国维、罗振玉《流沙坠简》）李广在全军折损过半、箭矢即将用尽的情况下，命令士兵"持满毋发"，从这个细节可以看出，当时汉军使用的武器是弩，而不是弓。否则，久战之下将弓箭"持满毋发"，士兵们不可能有这个体能。

日暮时分，"吏士皆无人色"，成语"面无人色"就是这么来的。而在将士面无人色时，李广的表现是"意气自如"，照常巡视部队，整顿阵形。有这样的指挥官，全军人人服气，军心依然没散。

就这样过了一夜，到了第二天，恶战继续，汉军再一次打到了死者过半。也就是说，李广麾下的四千人，这时已不到一千了。虽然杀伤敌人的数量更多，但兵力悬殊，终归耗不起。幸而张骞军团终于现身，解了李广之围。

张骞军团先前没能及时赶到，很可能是迷路了，导致这一万骑兵虽然到位，但人困马乏，因此眼见匈奴撤军，并没有余力发起追击。

依照军法，张骞行军延误，判死罪，赎为平民；李广功过相当，不赏不罚。

读这段历史，一定会为李广不平，因为在绝境当中，他的表现已不可能更好，朝廷怎么可以仅仅依据伤亡数字计算功过呢？但评定军功一直沿用量化标准，这是商鞅开创的传统，不合理也没办法，客观标准只能做到这个程度。

回顾冯唐和汉文帝那段著名的对话——冯唐为云中郡守魏尚鸣冤，说魏尚率军出击匈奴，斩获良多，没想到却招来了麻烦。要知道军人尽是农家子弟，虽然敢打敢拼，却搞不清政府的文书流程。功劳报上去，负责审批的公务员要核实，只要军人一句话没对上就严格法办。而魏尚所报的斩首数字和清点的敌军人头只差六个，因此就被削爵治罪，实在不公。[1]

我们再看从北地郡出发的霍去病和公孙敖，他们竟然也遇到了类似的情况：霍去病军团深入敌境两千余里，却跟公孙敖军团失联了。

---

[1] 详见前文第013讲。

124

江都国到底出了什么大事

霍去病大胜

原文：

而票骑将军去病深入二千余里，与合骑侯失，不相得。票骑将军逾居延，过小月氏，至祁连山，得单桓、酋涂王，及相国、都尉以众降者二千五百人，斩首虏三万二百级，获稗小王七十余人。天子益封去病五千户，封其裨将有功者鹰击司马赵破奴为从票侯，校尉高不识为宜冠侯，校尉仆多为辉渠侯。合骑侯敖坐行留不与票骑会，当斩，赎为庶人。

是时，诸宿将所将士、马、兵皆不如票骑，票骑所将常选；然亦敢深入，常与壮骑先其大军；军亦有天幸，未尝困绝也。而诸宿将常留落不偶，由此票骑日以亲贵，比大将军矣。

匈奴入代、雁门，杀略数百人。

眼看霍去病孤军深入，似乎要重蹈李广的覆辙，但他擒获了匈奴好几名重要首领和七十多个小头目，接受了二千五百人的投降，斩首三万二百级。单是这个斩首数字，就足以让人震惊。而取匈奴人的首级几乎不存在杀良冒功的可能，因为匈奴不分男女老少，人人都是作战人员。霍去病这次对匈奴的重创，后来引发了连锁反应，使浑邪王被迫以四万部众降汉。

霍去病接连两次战功，自己得到封赏不必说，麾下将士还有好几位封了侯，其中甚至包括一名匈奴人，这让李广情何以堪。而公孙敖因为行军延误，没能及时和霍去病会师，所以和张骞一样，判死罪，赎为平民。

公孙敖也谈不上有什么指挥失误或畏敌怯战，但军法只看结果。所以《资治通鉴》收录了《史记》的一段议论：霍去病麾下总是集结着最精锐的士兵、最精良的武器和最好的战马，而资深将领们就无这个待遇了。不过，霍去病确实把好钢都用在了刀刃上，敢于带领精锐部队深入敌境，还常常带着精锐中的精锐冲在大部队前面。霍去病的运气极好，虽然拼命，却从不曾陷入险境。而那些资深将领总是运气不佳，贻误战机。于是霍去病越发受到武帝的青睐，可以和大将军卫青平起平坐了。（《史记·卫将军骠骑列传》）

言下之意是，霍去病一个初出茅庐的年轻军官，掌握着旁人所没有的最优质军事资源，又特别受上天眷顾，以他那种打法，按说早该兵败身死，他却偏偏屡立奇功。而那些沙场老将既非能力不行，也非不小心犯错，仅仅是运气太坏。从这个思路来看，假如霍去病可以多活一些年，再多打几场仗，那么小概率的幸运事件就不可能回回都落到他头上。他之所以成为不败战神，英年早逝是一个很重要的因素。

这就是司马迁的价值取向：对战功卓著的卫青、霍去病评价很低，对战功不高、连封侯都没资格的李广倾注了极大的同情。对李广打的那些战役，司马迁巨细靡遗，如数家珍；而对卫青、霍去病的名场面，司马迁往往缺乏细节，一带而过。他若能详述霍去病是怎么斩首三万二百级的，大概也能让人在掩卷之后热血沸腾。也许在司马迁看来，这只是运气砸来而水到渠成的事情，不值得渲染。

撇开情感因素，有必要承认和匈奴作战确实存在很大的运气因素。正如霍去病总是很走运，李广总是很倒霉。即便是汉武帝，也不认为李广没能力，而仅仅是相信他命不好。正因如此，后来武帝便不愿对李广再委以重任了。[1]

---

[1] 详见后文第131讲。

随着汉军高歌猛进，匈奴开始露出疲态。这一年，匈奴入侵代郡和雁门郡，杀掠数百人，已不复先前大军压境、风卷残云的气势了。

刘建荒淫

接下来转向南方：江都国出了大事。

江都国疆域不大，大约在今天的江苏省中部，国都广陵，也就是今天的扬州市广陵区。当年景帝平定了"七国之乱"，切割吴国故地，把吴国的核心区改为江都国，封给了皇子刘非，就是第一任江都王。[1]

汉景帝一共有十三个儿子受封诸侯王，都是武帝的兄弟。大概在景帝眼里，这些孩子各有各的可爱，但在武帝眼里，这些兄弟各有各的不省心。换个角度来看，做皇帝的兄弟也确实不易，好人做不得，坏人也做不得。做好人的话，名声太好会引起皇帝的忌惮，河间献王刘德就是前车之鉴；做坏人的话，可以千姿百态，但皇帝有了合适的借口就会把他们的土地、人口据为己有。

若在汉朝初年，国家大臣都是开国功臣，是和刘

---

[1] 详见前文第036讲。

邦一起打天下的战友，是国家股东，在很多事情上都有自己的独立判断，未必都站在皇帝一边。而到了武帝时代，武帝用人有点随心所欲，大量擢拔底层精英。这些人的一切功名富贵都绑在皇帝的一喜一怒上，而他们又急于做出成绩，证明自己的价值。这就导致皇帝的一点小倾向总会被这些人无限放大，让他们办起事来特别容易加码诛求。所以，看武帝时代诸侯王的那些坏人坏事，有必要想到：这些诸侯王在案卷和史料当中，并没有机会为自己发声。

原文：

江都王建与其父易王所幸淖姬等及女弟徵臣奸。建游雷陂，天大风，建使郎二人乘小船入陂中，船覆，两郎溺，攀船，乍见乍没；建临观大笑，令勿救，皆死。凡杀不辜三十五人，专为淫虐。

江都王刘非在位二十六年，其间大兴土木，招揽豪杰，俨然一代雄主。而第二任江都王，武帝的侄儿刘建，更不是省油的灯。看《资治通鉴》的记载，他又跟父亲的宠妃淖姬淫乱，又和亲妹妹刘徵臣通奸。他还安排节目，让两名侍从在风浪中溺死，自己看得乐不可支。这样被刘建弄死的人足足有三十五个。

但刘建的所作所为到底有多荒唐、多残忍、多邪恶，司马光已算是轻描淡写了。如果追溯到《史记》，就拿刘建和淖姬的淫乱来说，远非乱伦那么单纯。刘非刚刚过世，还未下葬，继承人刘建就已按捺不住灼烧的情欲，趁着夜色派人把淖姬接来，就在给刘非服丧的房间里发生了不正当关系。（《史记·五宗世家》）

《汉书》说当时和刘建淫乱的还不只淖姬一个，而是十名美女。至于刘建和妹妹刘徵臣的奸情，也发生在服丧期间。刘徵臣已嫁为人妇，回娘家参加父亲的丧事，于是就发生了一场如火如荼的兄妹情深。（《汉书·景十三王传》）

"淫乱"这一罪名，如果仅是一男一女搞不正当关系，在诸侯王这个层面实在不值一提，甚至连批评教育一下都嫌多余。那么，要让"淫乱"来得令人发指、人神共愤，就必须加入其他要素。这一男一女差了辈分，乱伦的要素就有了。父亲大人尸骨未寒，就在服丧的房间和父亲生前的宠姬发生关系，忤逆的罪名就成立了。淫乱的对象不止一个，而是十个，就连回娘家给父亲办丧事的妹妹都不放过，这种禽兽无论如何都该死。更有甚者，刘建不懂"生殖隔离"这种现代科学概念，强迫宫女和禽兽发生关系，想看看宫女到底会不会生出什么。这样一来，仅仅在"淫乱"这个罪行上，刘建就已经登峰造极、前无古人，哪怕是传说中的夏桀、商纣王，在他面前都要自愧不如。当然，一个把"淫乱"做到如此境界的人，不可能只做这一类坏事。

江都灭国

原文：

自知罪多，恐诛，与其后成光共使越婢下神，祝诅上。又闻淮南、衡山阴谋，建亦作兵器，刻皇帝玺，为反具。事发觉，有司请捕诛；建自杀，后成光等皆弃市，国除。

胶东康王寄薨。

简单讲，刘建在为非作歹的领域不断推陈出新，连番刷新道德底线，但他似乎只是坏，并不傻。他很清楚江都国内有太多的受害者和受害者家属要进京告御状，人一多自然防不胜防，朝廷迟早有一天要治自己的罪。

于是，刘建和王后一道找了一名来自百越的宫女，让她做法，咒武帝去死。

今天读这段历史，我们很容易嘲讽刘建的愚昧，但只要还原到历史现场就会知道，巫术在当时影响极大，全社会都弥漫着对所谓巫蛊的恐惧。

刘建还察觉到了淮南王刘安和衡山王刘赐的蠢蠢欲动。为求自保，这样一个极其不得人心的纨绔子弟竟然也开始整军经武，还秘密沟通越人，谋划大事。

假如以上记载通通属实，只能说刘建被猪油蒙了心。因为以江都国弹丸之地，以武帝时代的政治架构，即便是韩信再世、白起复生，也注定掀不起多大浪花，何况是一个小小的刘建。

结果不出所料，有关部门建议诛杀刘建。武帝故作姿态，要彻侯、二千石级别的高官和博士们再好好商量一下。这些人当然知道所谓商量只是走过场，所以一致表决：刘建非死不可。武帝"不得已"，只好派宗正和廷尉一道到江都国办案。于是刘建自杀，王后等人都被公开处决。江都国从此撤销。

同一年，胶东王刘寄也过世了。

刘寄之死

刘寄和武帝是同父异母的兄弟，但刘寄的母亲是王太后的亲妹妹。前文讲过，王太后一家的女性极具传奇色彩：母亲臧儿硬把已婚已育的大女儿从婆家抢了回来，送进太子宫。而这位大女儿又提携了亲妹妹，姊妹共侍一夫，在险恶的宫斗环境里可以互相帮衬。妹妹死得早，留下四个儿子，都做了诸侯王。姐姐只有一个儿子，但做了皇帝。姊妹情深，所以武帝和小姨的儿子们关系最近。而在小姨的四个儿子中，武帝和胶东王刘寄感情最好。

但是麻烦来了：当淮南王刘安筹划叛乱时，刘寄听到一点风声，于是暗中制造武器装备，就等着刘安有所举动。当刘安事发，朝廷专案组开始严查深挖时，刘寄就开始坐立不宁，越想越觉得对不起武帝。在愧疚感的折磨之下，刘寄一病不起，竟然死了，死前甚至没敢指定继承人。

事情确有蹊跷，因为刘寄所在的胶东国距离刘安的淮南国山遥水远，二人也并不亲近，若连刘寄都能听到刘安谋反的风声，那么刘安这点图谋大概已尽人皆知——先前已有衡山王刘赐、江都王刘建在制造武器装备，如此大的动静，不知为何偏偏武帝一直被蒙在鼓里。

刘寄没能指定继承人，有一个原因：他的长子名叫刘贤，但其母并不受宠，最受宠的是小儿子刘庆的母亲。所以刘寄一直有废长立幼的打算，但一来不合规矩，二来自己暗中搞武备，心里有愧，事情也就一直没提。等到刘寄死后，武帝非但没有责怪他，反

而展现爱心,立刘贤为刘寄的继承人,继承胶东国。至于刘庆,再给他找一片地方,封为六安王。(《史记·五宗世家》)

125

汉朝怎么应对四万匈奴归降

匈奴来降

原文:

秋，匈奴浑邪王降。是时，单于怒浑邪王、休屠王居西方为汉所杀虏数万人，欲召诛之。

浑邪王与休屠王恐，谋降汉，先遣使向边境要遮汉人，令报天子。是时，大行李息将城河上，得浑邪王使，驰传以闻。天子闻之，恐其以诈降而袭边，乃令票骑将军将兵往迎之。

这一讲我们继续来看元狩二年的大事件。就在秋高马肥之时，匈奴浑邪王带着浩浩荡荡的四万多名匈奴人，不是打来，而是归顺。

事情的起因是：对于任何一个组织来说，胜利总是可以掩盖一切矛盾，失败却总会把原有的矛盾放大。

匈奴在连遭惨败之下，内部难免闹矛盾。单于的权威必须以武力为基础，如果连战连败，威信就会严重打折。要解决这类问题，最经典的办法就是找人担责，于是伊稚斜单于就召唤草原西部的两位首领——浑邪王和休屠王——来自己这里坐一坐。

休屠王的名号在前文出现过一次，当时霍去病深入匈奴腹地，转战六日，越过焉支山千余里，斩杀并俘获了匈奴的几位重要首领，斩首八千九百余级，还缴获了休屠王祭天金人。[1] 显然，休屠王连神像都没能保住，这种事很伤士气。

面对单于的召唤，浑邪王和休屠王知道自己一旦去了，应该就回不来了。于是两人一商量，带领本部人马归顺汉帝国。

按说他们当时还有其他选项，比如搞独立，匈奴都是大大小小的部族逐水草而居，自己有至少五万多人的班底，就算打不过卫青、霍去病，未必打不过伊稚斜单于，更何况他的单于头衔本就来路不正；此外还可以效法大月氏，一路西迁，到西域去拣软柿子捏。但他们并未如此，而是派人联系汉人，商量归顺事宜。

---

[1] 详见前文第123讲。

匈奴几万人集体归顺，对汉帝国而言，是前所未有的大事件，一时竟不知该怎么办，生怕这是诈降。为稳妥起见，武帝派霍去病统率大部队，隆重接待匈奴降人。

霍去病招降

原文：

休屠王后悔，浑邪王杀之，并其众。票骑既渡河，与浑邪王众相望。浑邪王裨将见汉军，而多不欲降者，颇遁去。票骑乃驰入，得与浑邪王相见，斩其欲亡者八千人，遂独遣浑邪王乘传诣至行在所，尽将其众渡河。降者四万余人，号称十万。既至长安，天子所以赏赐者数十巨万，封浑邪王万户，为漯阴侯，封其裨王呼毒尼等四人皆为列侯；益封票骑千七百户。

然而就在这时，休屠王突然后悔了。好在浑邪王当机立断，杀了休屠王，收了他麾下部众，继续接近汉帝国边境。这么大的阵仗，只要稍微有一点擦枪走火，后果就不堪设想。

这时，霍去病军团渡过黄河，和浑邪王的大队人马遥遥相望。匈奴人清楚地看到了汉帝国的整肃军容。

想到自己只要迈出这一步，就踏入了吉凶未卜的深渊，从此身家性命就要落入世代为仇的汉人之手，很多人的心态忽然崩溃，调转马头就跑。

这种场面反而让霍去病安心，因为它排除了匈奴人诈降的可能。但如果由着他们逃亡而置之不理，这种情绪会迅速弥漫到每个人心里，马上会诱发一场全面而彻底的大逃散。

霍去病没有迟疑，纵马奔入匈奴大营，和浑邪王当面沟通，然后指挥调度汉军捕杀匈奴逃亡者，杀了八千多人才算把局面安定下来。接下来，首先送浑邪王到汉军大营安顿，然后护送全部匈奴降人南渡黄河，总计四万多人，号称十万。不知这些匈奴降人会不会伤春悲秋，回头望着再也渡不过去的黄河，再也奔回不去的草原，有几分"日暮乡关何处是，烟波江上使人愁"的感触。招降纳叛的工作就这样有惊无险地结束了。霍去病反应敏锐，判断得当，因此再受嘉奖。烫手山芋现在交到了汉武帝的手上：该怎么接纳这足足四万多的匈奴移民呢？

浑邪王当然要重赏，直接封到了万户侯的级别。还有四名匈奴头目也被封为彻侯。一谈到此，马上又会联想到"难封"的李广将军，他此刻的心理阴影不知该有多么茫无际涯。

汲黯的道理

原文：

浑邪之降也，汉发车二万乘以迎之，县官无钱，从民贳马，民或匿马，马不具。上怒，欲斩长安令，右内史汲黯曰："长安令无罪，独斩臣黯，民乃肯出马。且匈奴畔其主而降汉，汉徐以县次传之，何至令天下骚动，罢敝中国而以事夷狄之人乎！"上默然。

短时间内接纳大批的异族移民，这种事即便放在今天的发达国家，也会让政府焦头烂额，让民间怨声载道，何况是在遥远的武帝时代。对武帝而言，匈奴降人远来是客，自己这边可不能失了大国风范；而只有把他们接待好了，才能形成感染力，吸引更多的匈奴人背叛单于投奔过来。回想贾谊当年的三表五饵之策，正是这个道理。

不过，贾谊当年绝对不敢预见四万多匈奴降人同日入境的盛况，否则，三表五饵之策无论如何也该打个补丁。

匈奴降人都是骑马来的。为了体现盛情，朝廷征调了民间马车两万辆，浩浩荡荡迎接远客。按说这本该是官民两便的好事：朝廷彰显了好客之道，百姓出租马车，得到实惠。但朝廷已经拿不出钱了，只能向民间赊账。而老百姓信不过政府，纷纷把自家的马匹藏了起来——管你朝廷赊不赊账，反正就是没有马。

武帝暴怒之下，责怪长安令办事不力，要杀了他。就在这时，从来不怕得罪人的汲黯挺身而出，说长安令何罪之有，为什么要杀他，若只是想要民间交出马匹，那很简单，杀我汲黯就行。

虽然这是气话，但汲黯接下来就要摆一摆大道理了。他说："这些匈奴人背叛自己的君主过来投降，我们安排各地驿站的官方马车即可。哪至于像现在这样令天下骚动，让自己的百姓受苦受累去侍奉夷狄之人呢？"

武帝默不作声。

原文：

及浑邪至，贾人与市者坐当死五百余人，黯请间见高门，曰："夫匈奴攻当路塞，绝和亲，中国兴兵诛之，死伤者不可胜计，而费以巨万百数。臣愚以为陛下得胡人，皆以为奴婢，以赐从军死事者家，所卤获，因予之，以谢天下之苦，塞百姓之心。今纵不能，浑邪率数万之众来降，虚府库赏赐，发良民侍养，譬若奉骄子，愚民安知市买长安中物，而文吏绳以为阑出财物于边关乎！陛下纵不能得匈奴之资以谢天下，又以微文杀无知者五百余人，是所谓

'庇其叶而伤其枝'者也。臣窃为陛下不取也。"上默然不许，曰："吾久不闻汲黯之言，今又复妄发矣！"

结果没多久，汲黯又来作怪。起因是：汉朝有法律规定，严格控制边境贸易，但浑邪王一行人来到长安之后，长安百姓纷纷和他们做起贸易，于是有五百多人因此被判死刑。汲黯看不过去，又对武帝讲了一番大道理：汉帝国和匈奴连年作战，死伤无数，军费开支巨大。如今招降了这么多匈奴人，本该把他们分配到军烈属家里当奴隶。就算做不到，也不该掏空国库去供养他们，更不该征调大汉良民去伺候他们。普通百姓哪里知道在长安城里和匈奴降人做交易会违法呢？法律条文规定在边境严禁私下交易，难道长安也是边境？陛下纵然缴获不到匈奴的财富来回馈天下人，也不至于舞文弄法来坑死五百多名无知百姓！

武帝又是一阵沉默，没有批准汲黯的请求，过后感叹一句："我都好久未听到汲黯发言了，如今他又来胡说八道。"

从应劭的注释来看，汉帝国严禁兵器出关，就算在长安城内做交易，也是被禁止的。这里所谓的边关，并不仅仅是汉帝国和匈奴的交界，还包括汉帝国直辖区和关东诸侯的交界。武帝并没有因为汲黯的控诉而网开一面，其中到底有何非杀不可的缘故，是不是恩威并施，不让匈奴降人太嚣张，就不得而知了。无论如何，五百多名汉人就这样稀里糊涂地触犯法律，被杀得干干净净。

汉武帝元狩二年至三年

126
金日磾是怎么以奴隶之身上位的

汉武帝接收了四万多名匈奴降人,虽然这是汉帝国成立以来前所未有的胜利,但一口气吞下这么多外来移民,如何妥善安置,太考验执政能力了。

属国安置

原文:

居顷之,乃分徙降者边五郡故塞外,而皆在河南,因其故俗为五属国。而金城河西,西并南山至盐泽,空无匈奴,匈奴时有候者到而希矣。

武帝的解决方案是：一国两制，农耕的归农耕，游牧的归游牧。《资治通鉴》记载：不久之后，朝廷将这些匈奴降人分别安置在五个边郡的秦朝故塞之外，都在河套地区，让他们保持原先的风俗习惯，设置为五个属国。从此以后，从今天的甘肃兰州沿着河西走廊直到新疆罗布泊，再没有匈奴人活动了，只是偶尔会出现少量的匈奴侦察兵而已。

汉帝国设置属国，是在浑邪王率众投降的第二年，也就是元狩三年（前120年）。属国这种特殊的政治形态就这样正式登上了历史舞台。所谓属国，虽然自成一国，但附属于汉帝国。至于"五属国"到底是哪五个，都叫什么名字，在什么位置，归什么人管，一直都是争议问题。

王宗维先生有过精细的考证："五属国"是一个很不准确的提法，元狩三年也并没有同时设置五属国。汉政府把匈奴降人安置在五个边郡的秦朝故塞以外，这也只是很笼统的措辞，相当于把他们安置在西北边塞外，仅仅点明了一个大致方位而已。实行这种制度，对汉政府而言，纯属摸着石头过河，走一步看一步。当务之急是不能让匈奴降人久居长安，接下来再慢慢完善各种管理制度。所以，直到苏武担任典属国职务，属国制度才算全部成型。除此之外，汉政府还挑选了相当一部分匈奴骑兵，因为他们都穿黑色军装，所以称之为属国玄甲。几年之后，霍去病英年早逝，武帝征发属国玄甲送葬，军阵从长安排布到茂陵，绵延六十余里，可见这支骑兵的规模之大。（王宗维《汉代的属国》）

从卫青、霍去病北征匈奴，到浑邪王率部众降汉，再到五属国的设立，政治地理发生了关键性的转变——今天的甘肃省全境几乎都在汉帝国的势力范围里了。我们看中国地图，甘肃省的形状非常特别，是一个从东南到西北的狭长地带，就像一条走廊。如果从河套地区的黄河西岸出发，沿着这条走廊向西北方向走下去，就能走到新疆。武帝一朝不断在河西地区开疆拓土，设置一个又一个据点，终于打通了这条河西走廊，连通西域。著名的丝绸之路就这样开始囫囵成型了。

如果把汉帝国想象成一个站立的人，这段疆域的经营相当于他把一直蜷缩的左臂伸展开来，向左上方伸直，与西域牵手。而对匈奴来说，这则相当于他被斩断右臂，前胸又挨了几记重拳，跟跟跄跄地向左后方退了几步。

脱颖而出

原文：

休屠王太子日䃅与母阏氏、弟伦俱没入官，输黄门养马。久之，帝游宴，见马，后宫满侧，日䃅等数十人牵马过殿下，莫不窃视，至日䃅独不敢。日䃅长八尺二寸，容貌甚严，马又肥好，上异而问之，具以本状对；上奇焉，即日赐汤沐、衣冠，拜为马监，迁侍中、驸马都尉、光禄大夫。

日䃅既亲近，未尝有过失，上甚信爱之，赏赐累千金，出则骖乘，入侍左右。贵戚多窃怨曰："陛下妄得一胡儿，反贵重之。"上闻，愈厚焉。以休屠作金人为祭天主，故赐日䃅姓金氏。

那么，那些匈奴降人会不会被平等对待，会不会沦为亡国奴，从此为汉人做牛做马呢？《资治通鉴》聚焦在了一名沦为奴隶的匈奴人身上——他是休屠王太子，日䃅（mì dī）。因为休屠王在投降路上突然后悔，被浑邪王杀了，所以他的妻儿老小后来以战俘的身份被送进官府当了奴隶。这一年，日䃅年仅十四岁。（《汉书·霍光金日䃅传》）

日䃅的奴隶工作是给皇帝养马，假如事情完全循着常轨发展，那么他这辈子也无法摆脱做马夫的命运，但是一个机会改变了他的命运。那是武帝在某次寻欢作乐之后，忽然要看一看马匹的情况。于是日䃅和几十名同事牵着马从武帝面前走过，接受检阅。当时武帝身边佳丽如云，马夫们都克制不住诱惑，总要贼眉鼠眼地悄悄瞟美女两眼，唯独日䃅一个人自始至终目不斜视。

如果日䃅是一个五短身材、其貌不扬的年轻人，就算再怎么正派，武帝大概也注意不到。但偏偏他要身高有身高，要模样有模样，本来站在马夫圈里就鹤立鸡群，他养的马还尤其膘肥体壮，所以连人带马从武帝面前一过，马上就被注意到了。

人形象好，态度正，业绩高，自然容易脱颖而出。更何况，武帝用人从来不走寻常路。一看出日䃅的不寻常，武帝马上就给他升职，从养马的奴隶成为侍中兼驸马都尉兼光禄大夫，也就是武帝身边的近臣。

日䃅的处世哲学可以概括为四个字：谨小慎微——很有当年万石君的流风遗韵。

如果他出身于世家大族、书香门第，如此倒也不奇怪。但他只是一个匈奴人，虽说曾贵为休屠王太子，但仍只不过是个逐水草而居的野蛮人，大字不识一个，怎么会有这样的表现呢？

《汉书》说：休屠王被杀之后，他的妻子带着两个儿子都做了奴隶，但这位来自草原的母亲并没有因此自暴自弃，而是认真搞教育，"甚有法度"。以至连武帝都很敬佩这位母亲，在她死后专门画了她的画像，安置在甘泉宫，还注明了画中人的身份是"休屠王阏氏"，一点都没把她当女奴看待。（《汉书·霍光金日磾传》）这样看，即便是没有文字的匈奴人，一样可以培养出温良恭俭让的好孩子，并不需要那么多的家规、家训和经史子集。

就这样，日磾在武帝身边做事，凡事都能办妥，从不出错。那么武帝作为领导，怎么可能不喜欢这样的员工呢？不难想见，旁人肯定看不惯，不理解武帝竟然对一个匈奴人亲近到这种程度。武帝听说了这些，反而更加厚待日磾了，甚至因为休屠王制作金人以祭天，给他赐了一个汉姓：金。从此以后，我们就该称他为金日磾了。

在今后的岁月中，金日磾还会完成从异族奴隶到顾命大臣的飞跃，以一个十足的老实人的姿态，实现令人难以置信的阶层跃迁。

关东水灾

原文：

（三年）

春，有星孛于东方。

夏，五月，赦天下。

淮南王之谋反也，胶东康王寄微闻其事，私作战守备。及吏治淮南事，辞出之。寄母王夫人，即皇太后之女弟也，于上最亲，意自伤，发病而死，不敢置后。上闻而怜之，立其长子贤为胶东王，又封其所爱少子庆为六安王，王故衡山王地。

秋，匈奴入右北平、定襄，各数万骑，杀略千余人。

武帝元狩三年（前120年），春天的东方天空有彗星出现，夏五月，赦天下。这类天象，这类动作，我们已习以为常。《资治通鉴》到了这一年，才开始交代胶东王的死因，呼应了前一年那句没有前因后果的"胶东康王寄薨"。[1]秋天，匈奴如往年一样入境抢夺，兵分两路攻击右北平和定襄，杀掠千余人。值得留意的是，右北平和定襄位于河套地区的东侧，尤其是右北平郡，在今天北京的东北方向。但由于汉帝国在河套地区经营了

---

[1] 详见前文第124讲。

朔方郡，霍去病又斩断了匈奴的右臂，匈奴虽然还有一战之力，但再没可能像文帝时那样兵锋直指长安了。

原文：

山东大水，民多饥乏。天子遣使者虚郡国仓廥以振贫民，犹不足，又募豪富吏民能假贷贫民者以名闻；尚不能相救，乃徙贫民于关以西及充朔方以南新秦中七十余万口，衣食皆仰给县官，数岁假予产业。使者分部护之，冠盖相望。其费以亿计，不可胜数。

汉既得浑邪王地，陇西、北地、上郡益少胡寇，诏减三郡戍卒之半，以宽天下之繇。

这一年，关东地区又一次爆发了严重水灾。武帝积极赈灾，派使者把各个郡国的粮仓全部清空，但还不够用。应对这种局面，中央政府谈不上有什么宏观统筹，只是见招拆招。一招没能解决问题，那就再出一招：给富人激励政策——只要有谁愿意给贫民借贷，政府就把他的名字记录在册。意思是：你的付出，皇帝都会看在眼里，不会忘了你的。但即便这样，还是解决不了根本问题。那就只有移民了：一部分灾民迁徙到关东地区，一部分迁徙到朔方郡和新秦中，大体就是河套地区，一共移民七十多万人。《汉书·武帝纪》给出的具体数字是"七十二万五千口",这么多人,全部由地方政府负责安置。

七十多万人的移民项目,即便对于现代政府而言,也是一项浩大的工程,更何况对于古人。移民事业持续了好几年,中央政府派出的使臣络绎不绝,冠盖相望。财政开支数以亿计,已经多到算不清了。

当然,政府的救灾开支有着无可争议的道德属性,哪怕掏空了国库都义不容辞。但如果追究责任,就要回溯到田蚡主政的时代。当时田蚡说治水形同逆天,既然黄河已决口,不好堵,那就由着它吧。[1] 治水工程就这样搁置了很多年,终于黄河又来了一场灾难级的水患。所以后面我们会看到,黄河的决口到底还是要拼命堵一堵的。

这段时间,因为浑邪王的归降,西北边境的军事压力大减,于是武帝下诏裁军,陇西、北地、上郡军队规模减半。

看来,在这一时期,抗洪救灾和安置灾民才是政治主旋律,与此无关的一概从简。但武帝心里还记挂着讨伐昆明的事。人力物力挤一挤总是有的,是时候做准备了。

---

1 详见前文第079讲。

127

武帝为讨伐昆明做了哪些准备

元狩三年（前120年），武帝在黄河泛滥、七十多万灾民需要移民安置的百忙之中，开启了南征昆明的准备工作。

张骞之前派使者分四路探索通往身毒之路。其中去往滇国，也就是今天云南昆明一带的那批人回国之后说，滇国是一个大国，应该让它归附朝廷。于是，武帝重启了停摆已四年之久的西南夷工程。[1]今天的云南省，当时还是化外之地，汉帝国的西南疆域基本只到今天的四川和重庆一带。不过，原先张骞连通西域的方案有一个前提，那就是往北走绕不开匈奴和羌人的地界，但仅仅时隔一年，局面就已天翻地覆——匈奴右臂已断，羌人没了匈奴做靠山之后，自然不敢扣留汉使。河西走廊已走得通了，为什么还要坚持原先的方

---

[1] 详见前文第123讲。

案呢？最有可能的原因是武帝按捺不住雄心壮志，既然动了征服滇国的心，那就要把事情推进下去。

穿昆明池

原文：

上将讨昆明，以昆明有滇池方三百里，乃作昆明池以习水战。是时法既益严，吏多废免。兵革数动，民多买复及五大夫，征发之士益鲜。于是除千夫、五大夫为吏，不欲者出马。以故吏弄法，皆请令伐棘上林，穿昆明池。

行动要分步骤。滇国是一个未知的新世界，听说那里有一片广袤的水域，方圆三百里，名为滇池。所以武帝估计，要想征服滇国，一定少不得水战。汉军不习水战，没关系，就在长安旁边找一块地方，开凿一座人工湖，取名昆明池，用来训练水军。

昆明池的位置，在汉长安城西南大约八公里的地方，遗址尚存，面积大约16.6平方公里。这么大的一片水域，并非在平地上纯凭人力开挖出来，而是借助现有水系因形就势的结果。（郝思嘉、刘晓明《汉代上林苑昆明池水景空间研究》）

那么问题来了：就算因形就势，但这并不是在荒郊野岭拦河造坝，而是在长安旁边搞工程，免不了有很多民宅、祖坟、农田要拆迁。单是这些铺垫工作就不知有多麻烦，一座人工湖到底是怎么做到说动工就动工呢？

这就呼应到武帝即位之初那个微服出游的壮举了。当时因为他玩得太野，不但民怨沸腾，就连官府也要尽职尽责地捉拿坏蛋，搞得武帝越来越不能尽兴。于是武帝兴之所至，安排吾丘寿王主持拆迁工作，先搞调查，要拆迁多少人家，毁掉多少亩农田，准备多少数量的拆迁款，总之要使皇家园林上林苑一直连通到终南山下。道理很简单：只要上林苑的规模足够大，那么不管他怎么纵马奔腾，都出不了上林苑的范围，自然就不会扰民了。事情太荒唐，东方朔和司马相如都写文章提建议，给我们留下了汉赋当中的两篇名作——《谏除上林苑》和《上书谏猎》。但武帝我行我素，拆迁工作依旧紧锣密鼓地进行着。[1]

正因为武帝当年的那份荒唐，才有了如今开凿昆明池的便利。长安旁边的大片土地都已被划入上林苑的范围，河流也好，湖泊也罢，都变成了皇家园林里的水景。

---

[1] 详见前文第069讲。

劳力缺口

征地问题不存在了,但是这么大的工程量,劳动力从何而来呢?

我们看汉代历史,从汉高帝元年(前206年)开始,到当下的汉武帝元狩三年(前120年),已经过去八十六年了。如果从刘邦灭掉项羽,真正并吞天下的汉高帝六年(前201年)算起,也已历时八十一年。

这八十多年间,汉王朝不断拿各种理由给百姓赐爵。这种政策的短期收效很明显,相当于老百姓什么都没干就平白得到了皇帝恩赐的爵位,等爵位积累到一定级别,既可抵罪,也可免除劳役,还可拿出去卖。好处这么多,老百姓当然要从心里感激皇恩浩荡。然而年复一年,爵位越给越多,获得爵位的方式也多。民间可以入粟拜爵,政府积蓄钱粮时还会把爵位打折卖,徭役可以买断,还有新出台的武功爵。这样一来,有特权的老百姓越来越多,朝廷能够征调的人力资源就相应地越来越少。雪上加霜的是,连年打仗,服兵役的人多,他们抛头颅、洒热血,打下了前所未有的胜利局面,若退伍回来马上被拉去服徭役、挖昆明池,也太过分了。

怎么办呢?当时由张汤主持法律工作,以他的酷吏风格,官吏们纷纷触犯法网。这么多违法犯罪的公职人员，正好可以来挖昆明池。[1] 劳动力问题就这么解决了，但按下葫芦起来瓢：公职机构大量缺员，常规途径补不上这么大的缺口。

于是朝廷出台新政策，要求有千夫、五大夫爵位的人必须出任公职。不愿意的也不强迫，但是必须缴纳马匹。

马是当时的重要战略物资，价值不菲。朝廷要求民爵等级高的人要么出自己，要么出马匹，这就是赤裸裸的巧取豪夺。但为了征服滇国，开创前所未有的王者版图，小小的牺牲和淡淡的阵痛当然千值万值。所以不难理解，历朝历代不断诟病汉武帝，重点就在这类事情上。

以上一系列政策和事情的前因后果，乍看还以为是武帝从吾丘寿王搞拆迁开始就在下一盘大棋，一套系统工程丝丝入扣、高屋建瓴。但这其实就是一个见招拆招、摸着石头过河的过程，出一个纰漏打一个补丁，补丁牵出新的纰漏，那就再打一个补丁。历史上，大到王朝的政策，小到宗教组织的戒律，往往都是这样打补丁打出来的。

---

[1] 《汉书·武帝纪》如淳注："《食货志》以旧吏弄法，故谪使穿池，更发有赀者为吏也。"

成立乐府

原文：

是岁，得神马于渥洼水中。上方立乐府，使司马相如等造为诗赋，以宦者李延年为协律都尉，佩二千石印，弦次初诗以合八音之调。诗多尔雅之文，通一经之士不能独知其辞，必集会五经家相与共讲习读之，乃能通知其意。

及得神马，次以为歌。汲黯曰："凡王者作乐，上以承祖宗，下以化兆民。今陛下得马，诗以为歌，协于宗庙，先帝百姓岂能知其音邪？"上默然不说。

同一年，还发生了文学史上的一件大事：乐府成立了。

乐府是皇家音乐机构，负责典礼音乐。这样看，乐府成立就是一件顺理成章的事。武帝大搞儒学建设，儒家标榜的就是礼乐，音乐的意义至关重要。典礼音乐原本也有人管，只不过不是专管，而是隶属于管理礼仪的太常。现在武帝把音乐从太常的管理范围中剥离出来，单独成立一个部门，并且使这个新机构和太常平级，长官称为协律都尉，级别在二千石。

首任协律都尉是音乐专家李延年。在他的主持下，音乐制作的基本流程是：先由司马相如那些文士作词，再由李延年谱曲。典礼音乐不同于流行歌曲，歌词首先必须典雅。追求典雅的结果，就是难懂——就连精通一门儒家学问的专家都看不懂，必须把儒学各个领域的专家集中起来，共同研读，才能明白一首歌的歌词到底是什么意思。

这一年，有人在遥远的渥洼水捕获了一匹神马，献入长安。武帝很开心，安排乐府创作了一首《太一之歌》。这里需要说明一下，乐府创设的具体时间和渥洼水神马的现身时间一直都是争议问题。司马光在《通鉴考异》里特别说明了自己为何把这些事定在元狩三年，但这只是他的一家之言（《通鉴考异·卷一·汉纪上》）。当然，这些细节并不重要，重要的是，乐府确实成立了，并且引发了汲黯的不满。

汲黯提意见说："圣君创作音乐，对上为了尊敬祖先，对下为了教育百姓。可您弄了一匹马就大张旗鼓地写词谱曲，将来拿这首歌到太庙里唱，先帝和百姓能听懂吗？"

武帝很不高兴，没有说话。

君臣交锋

原文：

上招延士大夫，常如不足；然性严峻，群臣虽素所爱信者，或小有犯法，或欺罔，辄按诛之，无所宽假。汲黯谏曰："陛下求贤甚劳，未尽其用，辄已杀之。以有限之士恣无已之诛，臣恐天下贤才将尽，陛下谁与共为治乎！"黯言之甚怒，上笑而谕之曰："何世无才，患人不能识之耳。苟能识之，何患无人！夫所谓才者，犹有用之器也，有才而不肯尽用，与无才同，不杀何施！"黯曰："臣虽不能以言屈陛下，而心犹以为非。愿陛下自今改之，无以臣为愚而不知理也。"上顾群臣曰："黯自言为便辟则不可，自言为愚，岂不信然乎！"

这些年来，汲黯一直扮演着老顽固的角色，但武帝知道他没有坏心眼儿，也不能被道理说服，所以既不治他的罪，也不跟他斗嘴。不过有一次，这对君臣发生了一场很有喜剧色彩的交锋。

武帝执政以来，延揽人才如饥似渴，但再喜欢再欣赏的人，只要稍有违法或欺骗行为，他马上翻脸，然后论罪处斩，毫不容情。汲黯看不惯，说陛下求贤求来这么多人，人家还来不及彻底施展才干，就被杀了,照此下去,用不了多久,天下贤人就被陛下杀光了。

汲黯说起来义愤填膺,武帝却笑了,说人才在任何时代都不缺,缺的只是识人之明。再说,所谓贤才,相当于趁手的工具,工具若不肯为我所用,和没有工具有何不同?不杀,留着他做什么?

武帝用人向来随心所欲,不拘一格。卫青、霍去病就是最典型的例子——假如他们遇到的是别的皇帝,大概不会有任何建功立业的机会。

另一方面,杀得多,杀得快,若仅从武帝的管理角度而言,也有助于增强组织活力,及时淘汰老兵,补充新鲜血液。而新晋人士看到前辈惨死,通常只会嘲笑别人愚蠢,不会觉得自己有重蹈覆辙的风险。

更关键的是,汲黯的人才观已经属于老皇历了:战国时代,魏国稍微忽视一下人才,商鞅就跑去秦国了;魏国再稍微忽视一下人才,范雎又跑去秦国了。但武帝时代,广土众民,诸侯国也被收拾得不成样子了,所以就算忽视商鞅、范雎又如何?杀了他们又如何?人才的世界已是真正的利出一孔,所有的出路几乎都被皇权垄断了。人才要么来皇帝这里讨饭吃,要么就只能自己憋屈着。

这样的道理,汲黯既不懂,也听不进去,愤愤说道:"我虽然说不过陛下,但心里还是认为陛下这样做不对。您还是改了好,别以为我蠢。"

武帝环顾群臣,说汲黯如果自称谄媚,显然不合适,但如果自称愚蠢,难道不对吗?

元狩三年的大事件就在这样一种轻喜剧的氛围里宣告结束了,但整个社会的气氛显然越来越凝重。

汉武帝元狩四年

128
汉政府怎么应对国库空虚

搜刮富人

原文：

（四年）

冬，有司言："县官用度太空，而富商大贾冶铸、煮盐，财或累万金，不佐国家之急。请更钱造币以赡用，而摧浮淫并兼之徒。"

这一讲进入武帝元狩四年（前119年）。这一年的重点是经济改革。

这场改革就像全世界的诸多改革一样，是被逼出来的。

汉帝国这些年，在东西南北四个方向都开疆拓土，涉及的军事成本、建设成本和安置成本，每一项都是天文数字。只看上一年的大事件，又要迁徙几十万灾民，又要开凿昆明池训练水军，相形之下，应付匈奴的劫掠都只是家常便饭了。各级政府要处理数不清的事情，桩桩件件都需要成本，最后就是要人没人、要钱没钱。

巧妇难为无米之炊，文景之治积攒下来的家底终于被武帝用光了。

怎么办呢？各级官员的标准做法就是向上级打报告，申请经费，但如果上级政府也没钱呢？

关东贫民的移民工程大概是最费钱的事项。有关部门报告说，关东贫民分别迁徙到陇西、北地、西河、上郡、会稽五郡，总人口七十二万五千，政府不但要解决他们的衣食住行问题，还要安排他们落户、就业，实在是心有余而力不足。

生财之道也不是没有，有关部门已经替皇帝想好了：朝廷为老百姓做了这么多事，忙到焦头烂额、入不敷出的地步，但看看社会上那些富商大贾，有铸钱发财的，有煮盐发财的，有兼并土地发财的，个个赚得盆满钵满，却毫不体恤国家的难处。所以朝廷应当

立即铸造新式货币，一方面供应政府开支，一方面好好打击一下这些奸商。(《汉书·武帝纪》)

政府和富人的关系向来充满张力——政府力量弱时，就需要拉拢富人，形成政治合力，以控制社会；政府力量强时，就需要打击富人，让社会均质化、散沙化，方便自己独家管控。武帝时代显然属于后者，政府对富人具备予取予求的能力。

但具备了这种能力，也未必真会予取予求。毕竟政府还是要维护自身体面的，不好意思明抢，一般也不用明抢。而到了财政吃紧时，政府就可以毫不手软地拿富人开刀了。这样做，对于政府来说，算不得巧取豪夺，反而是在伸张正义——因为富人的财富要么是违法乱纪得来，要么是享受政策红利得来，所以有十足的理由让富人与国休戚、出钱出力，绝不可以对国家的危难置身事外。而站在富人的角度，他们则会认为，纵然有了泼天的财富，也都是自己一手一脚打拼来的，其间冒着多高的风险、付出过多少心血和汗水，只有自己知道。这辛辛苦苦打下来的财富江山，难道自己和子孙不该好好守护吗？

这两种立场天然就水火不容，一旦到了非常时期，事情的发展就不难预料了。

白鹿皮币

原文：

是时，禁苑有白鹿而少府多银、锡，乃以白鹿皮方尺，缘以藻缋，为皮币，直四十万。王侯、宗室，朝觐、聘享必以皮币荐璧，然后得行。

政府要制造新式货币，到底应该怎么造，这一年有了突破性创举。朝廷推出两种高面值货币：皮币和白金币。

在此前的主流货币观念里，货币的币值取决于铸币的材料。比如一枚铜钱，无论面值是五铢还是十铢，只要在自由流通的场景里，人们仅凭它的成色和重量来判断它的价值，面值只有参考价值，或者说是为了便利性而出现的。但中央集权的管控力越强，货币流通的自由度越低，根据面值强买强卖的事情就越多，现在皮币的出现就是如此。

制造皮币的前提是：皇家园林中有很多白鹿。这种白鹿大约别处没有，或很稀少，那么把鹿皮裁成矩形的小块，绣个花边，就能当钱用了。朝廷规定，一枚皮币价值四十万钱。

试想，所谓皮币，若拿到市场上自由流通，当成旅游纪念品来卖，只能卖一两百块，这时市场管理员忽然揪住游客，非让他出四十万买，游客会说："我不买不行吗？"但管理员把头一摇："不买？没这个选项。"游客怕挨打，只好咬牙花四十万天价买下这块鹿皮。而等皮币到手，再想把它当四十万花掉，绝对办不到，最多只能当一两百块。

制作皮币并不难，但怎么才能推行出去呢？朝廷有办法：王侯宗室每年要来长安朝觐，礼仪程序上有一个"荐璧"环节，要恭恭敬敬地献上一块玉璧。[1]"荐"就是玉璧的衬垫。传统上，玉璧要放在一块皮质的衬垫上面。如今一切照旧，只不过那个皮质的衬垫不可用普通皮子了，必须用皮币。大家都没有皮币，怎么办？朝廷礼数不能怠慢——没有皮币，就拿四十万钱向朝廷换。

按说王侯宗室被这样宰一刀，也不至于伤筋动骨。既然皮币有四十万钱的面值，又是每年朝觐典礼的必备之物，看来对皮币的需求总是有的。如果自己有富余的皮币，似乎也不难打九折转手给其他的王侯宗室。但在"荐璧"的环节，把玉璧献给皇帝，总不可能当

---

[1] 《史记·梁孝王世家》："又诸侯王朝见天子，汉法凡当四见耳。始到，入小见；到正月朔旦，奉皮荐璧玉贺正月，法见。"

场把包装拆了带回去，所以四十万钱换来的一张皮币转眼就白白还了回去，第二年需要"荐璧"时还要拿四十万钱重新换。这就相当于朝廷向王侯宗室这个特定人群推出了一项谁都没机会偷税漏税的特定税种，王侯宗室每人每年要向朝廷上缴四十万钱的税款。所以，皮币实质上并不是货币，而是税务收据。

白金三品

原文：

又造银、锡为白金三品：大者圜之，其文龙，直三千；次方之，其文马，直五百；小者椭之，其文龟，直三百。

朝廷推行的第二种货币是所谓"白金三品"："白金"指的是银和锡的合金，"三品"指的是三种品类。银和锡这两种金属原本并不用来铸币，之所以会有这个创新，和皮币一样，是因为少府里银、锡的储备量很大。

白金币分为三种样式，各有各的面值：第一种是圆形币，有龙的图案，面值三千钱；第二种是方形币，有马的图案，面值五百钱；第三种是椭圆形币，有乌龟图案，面值三百钱。至于钱币的重量，有确切记载的只有龙币，重八两；根据面值的差异推断，马币和龟币的重量应该小得多。

如果以金属的价值而论，八两重的银锡合金虽然不值三千钱，但也不像皮币那样离谱。王献唐先生估计，白金币的面值大约是金属价值和制作成本的两三倍。（王献唐《中国古代货币通考》）可见朝廷推出白金币并不像皮币那样纯属拿来讹钱，而是真的要推广到流通领域。朝廷开支如果要花三万钱，只要支付十枚龙币就可以，简单易行，无形中就搜刮了一笔铸币税，和纸币的通货膨胀很接近了。

少府的银、锡储备多，很方便铸造白金币到民间收割一茬韭菜。但银和锡毕竟不是稀有金属，民间只要看到有利可图，一定会趋之若鹜，掀起一股轰轰烈烈的铸造白金币热潮。事实确实如此，不管朝廷如何三令五申严禁货币私铸，还是无法禁止。

更铸三铢钱

原文：

令县官销半两钱，更铸三铢钱，盗铸诸金钱罪皆死；而吏民之盗铸白金者不可胜数。

同时，朝廷对铜币也有新政策：销毁半两钱，重新铸造三铢钱。

回顾十多年前的建元五年（前136年）。当时，朝廷废除了三铢钱，改行半两钱，到底为什么，不知道。现在销毁半两钱，重新铸造三铢钱，到底又是为什么呢？

可以确定的是，元狩四年这一系列货币改革措施都服务于同一个目的——掠夺民间财富。因为富人是首当其冲的掠夺对象，穷人是朝廷劫富济贫的接济对象，所以整件事被包裹了一袭华丽的道德外衣。

朝廷还有配套政策，就是垄断铸币权。民间但凡私铸，不论私铸三铢钱还是白金币，一概是死罪。由此不难想到英国学者邓宁格那段被马克思引述而广为流传的名言："有50%的利润，资本就会铤而走险；为了100%的利润，资本就敢践踏一切人间法律；有300%以上的利润，资本就敢犯任何罪行，甚至去冒绞首的危险。"

这与其说是资本的原罪，不如说是人性的原罪。即便是两千多年前的一介平民，只要看到私铸货币的利润，而自己又有机会做到，那么无论是铤而走险，还是践踏一切人间法律，又有什么呢？刘邦和他那些战友若不是当初铤而走险，就不会有汉帝国，更谈不上有汉律。所以，铸币权的归属，是政府和民间漫长博弈的一个过程，先后有无数人头落地，才终于换来政府对铸币权的垄断。根据彭信威先生的说法，中国货币的铸造权到武帝元鼎四年（前113年）才统一由国家掌控，那是七年之后的事情。(彭信威《中国货币史》)

129

张汤设计了哪些财政改革措施

这一讲继续武帝元狩四年（前119年）。朝廷进一步深化财政改革，重点有三个：第一，盐铁官营；第二，算缗钱；第三，告缗令。这三项措施环环相扣，把政府的创收能力发挥到了极致。

汉帝国当时的财政状况，如果套用今天的概念，基本相当于政府破产。政府破产后，今天的常规做法是缩减不必要的开支，给公职人员降薪，让政府还能以最小规模、最低限度继续运转下去。总之，在开源节流方面，节流才是重头戏。但汉帝国政府已是一个高度中央集权的政府，所以节流不重要，开源才重要。

如何开源呢？道理很简单：看社会上什么生意最赚钱，朝廷就去做什么。那么，一个获利颇丰的成熟市场，新手怎么可能说进入就进入？又怎么竞争得过那些树大根深、从残酷的自由竞争中踩着无数尸体站起来的商人呢？

答案是：这种事情反而最好办，直接剥夺他们的经营权，全部市场都由政府来垄断。

网罗商业奇才

这种做法乍看和明火执仗的抢劫没区别，但鉴于奉行多年的重农抑商基本国策，政府垄断经营刚好打击民间商业。商人从来都属于魔鬼一党，必须要打击。只是，政府可以打掉商人，霸占他们的生意，亲自经营，亲自赚钱，但政府里都是做官之人，不懂经营，该怎么办？

办法也很简单：找成功的商人出来做官，为政府打理生意。

原文：

于是以东郭咸阳、孔仅为大农丞，领盐铁事；桑弘羊以计算用事。咸阳，齐之大煮盐，仅，南阳大冶，皆致生累千金；弘羊，洛阳贾人子，以心计，年十三侍中。三人言利，事析秋毫矣。

正是在这样的逻辑下，三位来自民间的商业奇才被网罗进了中央政府，负责盐铁专卖事宜。从此以后，盐和铁这两种刚需物资就由政府来垄断经营。往好处想，政府经商肯定不会利润至上，总不能让老百姓吃不起盐，用不上铁器。赚到的钱也不会落进私人腰包，而是取之于民，用之于民，为武帝开疆拓土的雄心壮志提供最大限度的财政支持。

这三位新晋的商务官员，一个是齐地大盐商出身的东郭咸阳，一个是南阳大冶炼商孔仅——这两人以大农丞的身份主持盐铁专卖；还有一名年轻人叫桑弘羊，虽然出身于洛阳商人家庭，却没有继承家业，而是在十三岁那年进皇宫做了侍中，很可能和卫青一道给武帝端过尿壶——商人之子竟能有这种体面的政治机会，获得如此殊荣，这在当时绝不简单。

史料记载，桑弘羊的特长是超强的心算能力，而东郭咸阳和孔仅分别是煮盐和冶铁领域的顶尖专家。这三人凑在一起商量赚钱，能把事情剖析到毫厘之巅。

《资治通鉴》说："三人言利，事析秋毫矣。"看起来只是客观陈述，不带什么褒贬色彩，但"言利"二字就是最恶毒的贬损。因为在儒家经典里，要么是"君子喻于义，小人喻于利"，要么是"子罕言利与命与仁"，要么是"王何必曰利，亦有仁义而已矣"……总之，"利"站在了"义"的对立面，"言利"的都是小人，小人自然站在了君子的对立面。君子的标准做派是雍容大度，做起事来抓大放小，只有小人才会锱铢必较。而这三位经济专家既然在"言利"层面做到了"事析秋毫"，那更是小人嘴脸袒露无余。

盐铁专卖

原文：

诏禁民敢私铸铁器、煮盐者釱左趾，没入其器物。

盐铁官营之后，当务之急就是禁止民营，于是武帝下诏：民间如果有人胆敢私自铸造铁器，私自煮盐，那么惩罚是没收违法工具，并且"釱（dì）左趾"，就是给左脚戴上脚镣。

我们从诏书当中看到一种新的惩罚方式——釱。这种刑具的出土实物有马蹄形和圆形两种，直径九点五厘米，重量在一公斤左右。(秦中行《汉阳陵附近钳徒墓的发现》)

和脚镣不同的是，它只是一个铁箍，固定在一只脚上，并非每只脚一只、中间再用铁链连接。釱是随着汉文帝开启的轻刑风气而出现的。原先有人犯了罪，该被砍掉一只脚，现在就不再真的砍脚了，而是用"钦左趾"或"钦右趾"来替代，相当于刖刑的平替版。[1]

那么，朝廷以国家暴力为保障，大搞垄断经营，算不算与民争利呢？答案是：可以算，也可以不算。可以算，很好理解。但可以不算，则是由一项传统引申来的。

传统上，凡是山泽地带，都属于国家禁区，这些地方的产出称为"山泽之利"，通通要归国君所有——要么成为国君的私人收入，要么成为政府的财政收入，总之绝不分给老百姓。历朝历代，有时遇到特殊局面，统治者会解除一部分山泽地带的禁令，这叫"驰山泽之禁"，让老百姓可以进去砍树、捕猎，有时政府对这部分收入还会予以免税。[2] 第一辑里讲过，战国年间，魏惠王迁都大梁，把大梁郊外的逢（páng）忌之薮赐给了百姓。逢忌之薮作为首都近旁的湖区，水里有水产资源，岸上有林木资源，若开放给老百姓，自然可以养活很多人。这是非常罕见的事情。

那么不难想见，煮盐和冶铁也可以归入"山泽之利"的范畴。武帝没有把这部分财富交给少府管理，

---

[1] 《汉书·刑法志》注引臣瓒曰："文帝除肉刑，皆有以易之，故以完易髡，以笞代劓，以钦左右止代刖。"

[2] 详见《资治通鉴熊逸版》（第一辑）第132讲。

而是交给了属于政府职官体系的大农丞，非但没有与民争利，反而有点大公无私的风度。所以东郭咸阳和孔仅在关于盐铁政策的奏疏中热情歌颂武帝无私，就是从这个角度出发的，也算言出有据，并非编瞎话阿谀奉承。[1]

算缗钱

原文：

公卿又请令诸贾人末作各以其物自占，率缗钱二千而一算；及民有轺车若船五丈以上者，皆有算。匿不自占，占不悉，戍边一岁，没入缗钱。有能告者，以其半畀之。其法大抵出张汤。汤每朝奏事，语国家用，日晏，天子忘食；丞相充位，天下事皆决于汤。百姓骚动，不安其生，咸指怨汤。

盐铁专营既然正当性不成问题，那就立即大刀阔斧去干。但是，垄断经营还是少不得经营，而经营总需要时间，所以要解朝廷财政的燃眉之急，还得再出

---

[1] 《史记·平准书》："大农上盐铁丞孔仅、咸阳言：'山海，天地之藏也，皆宜属少府，陛下不私，以属大农佐赋。'"

新办法——就是著名的算缗钱。

缗就是穿钱的绳子。一千枚铜钱用一根缗穿起来，叫作一贯。每一贯钱出固定数额的算赋，相当于按固定比率交税，这就是算缗钱。算缗钱的税率到底有多高，不同史料有不同记载，莫衷一是。《资治通鉴》的说法很含糊，"率缗钱二千而一算"。这是从《汉书·食货志》来的，但这里的"一算"到底是多少钱，就不清楚了。按照《史记正义》的说法，武帝开疆拓土，国用不足，于是对一切能征税的项目通通征税，统一收钱，每一千钱出一算，一算是一百二十钱，商人翻倍。（《史记·酷吏列传》）就是说，商人的财产税是每一千钱需要上缴二百四十钱，税率是百分之二十四。而如果将"率缗钱二千而一算"理解为每二千钱需要上缴一百二十钱，税率就只有百分之六。《汉书·武帝纪》李斐注则认为，每一千钱上缴二十钱，税率甚至低到百分之二。真实情况到底是哪种，我们不得而知。不过，以武帝的行事风格，不太可能是百分之二或百分之六。

算缗钱的推行，要求工商业者自己清点财产，如实申报，如数上缴。凡是有车有船的，都要缴纳算赋。凡是不主动配合、弄虚作假的，惩罚是戍边一年，财产充公。

那么问题来了：这种往外掏钱的事，人们怎么可能有积极性去做呢？如果不做，或虽然做了，但隐瞒财产，并不如实申报，政府不可能派出几万名专管员挨家挨户去查账吧？

为此，朝廷又推出了配套的政策——告缗令，鼓励人民群众积极检举揭发。

要检举别人瞒报财产数额，关系远的人没这个能力，必须是亲戚朋友才行。既然是亲戚朋友，怎么能做出检举揭发的事呢？朝廷充分想到了这一层，所以给出极其丰厚的激励措施：瞒报财产的坏蛋只要被揭发出来，他的全部财产会由朝廷和检举人对半分。朝廷就是这么慷慨。

重赏之下必有勇夫。试想，只要检举一次，就能得到被检举人一半的财产，凡夫俗子怎能抵御得了这种诱惑呢？

对于中产及以上的家庭，告缗令的推行不啻灭顶之灾，几代人打拼下来的家业瞬间就会清零。政府获得的好处可就多了——不但直接抢到了钱，还收获了很多可以去服苦役的罪犯。除此之外，奴隶在当时也属于"财产"范畴，所以在告缗令之下，奴隶的所有权也发生了变化，政府通过这个渠道获得了数以千万计的劳动力资源。

这些富于创新精神的财政改革措施，大都是张汤设计出来的。每次上朝，讲起经济改革的诸多事项，他能从早说到晚，武帝听得甚至会忘了吃饭。李蔡虽然身为丞相，但只是摆样子而已，张汤才是真正替皇帝操持天下大事的人。一项项政策狂风暴雨般倾泻而来，天下骚动，民怨沸腾，大家当然都恨透了张汤。

站在张汤的角度，他会觉得，天下人恨自己无所谓，只要皇帝一个人认可就好。这是酷吏一贯的思维和行事方式：只认上级，不认其他。

那么，在当时的社会，中产乃至富人应该活得人人自危才对。不过，凡事总有例外，真有一位高风亮节的富人闪亮登场了，带给世界一缕清风。

130

儒家为什么反对把卜式树为榜样

我们继续来看武帝元狩四年（前119年）的大事件。汉帝国为了解决财政危机，出台了一系列新政：发行新币种，盐铁专卖，发布告缗令，核心意图只有一个：搞钱。汉帝国搞钱的思路，并非通过新技术、新体制提高生产效率，而是尽可能把民间财富全部迅速收归国有。

站在朝廷的角度，几十年间皇恩浩荡，赏赐了老百姓那么多福利，如今国家财政吃紧，这些刁民全然不懂知恩图报这个道理，只会打自家的小算盘，没人积极主动为国家出钱出力。既然如此，他们就该被国家好好惩治。

那么，偌大一个帝国，竟然连一个与国共休戚的善男信女都找不出来吗？

高风亮节

其实,河南郡的富人卜式早就为国家捐赠过了。

卜式的出身,《史记·平准书》有详细记载,说他做的是农耕和畜牧的营生,父母双亡,只有一个年幼的兄弟。等到兄弟成年,卜式就和兄弟分家单过。他只要了一百多只羊,把大部分家产都给了兄弟。后来,卜式到山里放羊,羊的数量翻了十倍,让他得以买田置地,而他的兄弟却把偌大家业都败光了。卜式把自己的财产分给兄弟,然后自己继续打理产业,财富增值,而兄弟再次败光家产,卜式再次把财产分给兄弟。如此若干次,两兄弟就固定在这种模式里了。由此来看,卜式确实是一个会生财却不贪财的大善人,后来为国家捐赠也就顺理成章。

原文:

初,河南人卜式,数请输财县官以助边,天子使使问式:"欲官乎?"式曰:"臣少田牧,不习仕宦,不愿也。"使者问曰:"家岂有冤,欲言事乎?"式曰:"臣生与人无分争,邑人贫者贷之,不善者教之,所居人皆从式,式何故见冤于人!无所欲言也。"使者曰:"苟如此,子何欲而然?"式曰:"天子诛匈奴,愚以为贤者宜死节于边,有财者宜输委，如此而匈奴可灭也。"上由是贤之，欲尊显以风百姓，乃召拜式为中郎，爵左庶长，赐田十顷，布告天下，使明知之。未几，又擢式为齐太傅。

朝廷北征匈奴时，卜式上书，说愿意捐赠一半家产来支持国家。武帝专门派了使者到河南郡向他了解情况，问他这样做是否想要当官，但卜式回答说："我从小放羊，不懂做官的事，不想做官。"

使者又问："那您家里是不是有冤情需要申诉呢？"

卜式回答说："我从来不和人起纠纷。同乡中有谁受穷，我就接济他，有谁染了恶习，我就教育他。邻居们都很喜欢和我相处，我怎么会有冤情呢？"

使者又问："那您捐赠这么多家产，到底有什么目的呢？"

卜式回答说："天子讨伐匈奴，我认为人们应该有钱的出钱，有力的出力，这样就不难消灭匈奴了。"

这一番回答，简直是高风亮节的典范。卜式没读过圣贤书，只是一个朴素的勤劳致富者，竟然能有如此高的觉悟。武帝大受触动，准备好好表彰他，当成榜样来引领社会风气。《资治通鉴》记载，武帝拜卜式为中郎，授爵左庶长，赐田十顷，布告天下，不久又改封他为齐国太傅。不过在《史记》里，事情其实一波三折，远没有这么顺利。

近人情

在使者了解过卜式的情况，回长安汇报时，公孙弘还在丞相任上。武帝征求公孙弘的意见，他的回答别具一格，说卜式的言行不合乎人之常情，所以朝廷不应立这样的人为榜样，否则天下会乱。至于卜式的捐赠提议，皇帝最好不要答应。（《史记·平准书》）

被司马光删掉的这段内容其实值得重视一下，因为它代表了儒家思想的一个重要准绳，那就是近人情。一个人首先要有正常的人情，有私心，有偏袒，一切美德都是从这些最基础的人之常情中萌发出来的。而一切不近人情的思想，不论听上去多么高尚，多么伟大，在儒家看来都是异端邪说，是反人类的。比如最典型的，墨家主张兼爱，在儒家看来就特别不近人情，因为一个人不可能以爱自己亲人的同等程度去爱所有人。人之常情的爱，一定是由近及远、逐步递减的。这种有浓淡、有等差的爱，才是孔子所谓的仁爱。

公孙弘不相信卜式的真诚，有可能是以小人之心度君子之腹。但无论他对卜式的判断是对是错都不重要，重要的是，在儒家的逻辑里，虽然不排除有个别人天赋异禀，爱陌生人胜过爱亲人，特别急公好义、乐善好施，但这样的人若被立为榜样，让天下千千万万的正常人拧着人之常情去效法他，那么诱发出的不可能是善良，只可能是虚伪。也就是说，无论卜式是真心实意还是另有所图，在儒家的价值观里，都不能把他立为榜样。

这种思路，在司马光的时代发挥过很特殊的作用。苏洵写了一篇《辨奸论》，说脸脏了要洗，衣服脏了也要洗，这是人之常情，而如今偏偏有这么一个人，整天蓬头垢面、破衣烂衫，却满口圣贤道理，如此货色真会是好人吗？文章当中有一句很著名的论断："凡事之不近人情者，鲜不为大奸慝。"虽然他没有指名道姓，但当时大家一眼就看出，这是在骂王安石。

王安石的作风，以今天的眼光来看，属于一心扑在改革事业上，吃饭只是胡乱吃两口，衣服只要不露腚就一直穿下去，脸都可以几天不洗，颇有几分感人。然而在儒家的观念里，一个人若短时间内因为一些特殊遭遇有这样的表现，也算正常，但如果长此以往，尤其是地位崇高、薪俸优渥之人，却把自己活成如此邋遢模样，那这种人大概率就是大奸大恶之徒。

虽然《辨奸论》的著作权存在争议，有人怀疑它是南宋人托名苏洵的伪作，但即便真是伪作，挂着苏洵的名号也一点不违和。苏轼看人也是如此，所以他才会把程颐一党看作奸人，极尽挖苦之能事。我们今天复盘历史，不会觉得王安石和程颐都是奸人，只怪苏洵、苏轼父子没有把握好"辨奸"的尺度。但从这两件事上，至少可以看出"近人情"这个准绳在儒家思想里有多么重要。在《熊逸说苏轼》里，我没有否认王安石是一代伟人，但同样没有否认他确实不近人情。所以，王安石变法失败，很大程度上是因为他在做制度设计时，没能充分考虑人之常情[1]。

封赏卜式

公孙弘考虑人之常情，武帝听了他的意见，没有理会卜式。

就这样，卜式继续过着以往的农牧生活。过了一年多，浑邪王投降，七十多万灾民大迁徙，天下扰攘，政府彻彻底底没钱了。卜式毅然向河南守捐献二十万钱，补贴政府财政。河南守向朝廷上呈富人捐资名单，武帝看到卜式的名字，沉睡的记忆被唤醒了："这不就

---

[1] 参见得到App课程《熊逸说苏轼》第7讲。

是当年要捐献一半家产的那个人吗？"

时过境迁，一来朝廷真没钱，二来公孙弘已过世，于是，武帝决定正式对卜式做出嘉奖，没想到，卜式又把全部的物质奖励捐了出来。这时，富人们个个坐立不安，争相隐匿财产，所以卜式的行为显得特别突出。武帝终于相信了卜式的真诚，这个典型必须立，于是才有了《资治通鉴》记载的朝廷给卜式的那些封赏。

事实证明，从功利角度看当时的社会，富人的唯一出路是效法卜式。就算捐出一半家产，至少还能剩一半，而若一毛不拔，告缗令之下，焉有完卵？不但全部家产瞬间清零，还要被抓去服苦役，何苦来哉？只不过，汉朝立国八十多年，谁都没经历过告缗令这种局面，根本想不到朝廷敛财能出这种阴招。于是，几代人的经验都应对不来最新形势，全国富户纷纷破产，经验主义害死人。

原文：

春，有星孛于东北。夏，有长星出于西北。

这一年，春天有彗星出现在东北天穹，夏天有长星出现在西北天穹。这些天象看上去都不好，但到底应当怎样解读，也没有一定之规，全凭占星家信口开河。前一种天象，在南北朝时期的北魏正始四年（507年）又有出现，占星家说这叫"天谗"，表明有达官显贵僭越君权，最后被问罪处斩。占星家还解释："《春秋》有明文记载，鲁哀公十三年十一月就出现过这种天象，好好看看当时的政治局面吧。"（《魏书·天象志》）

在汉武帝元狩四年，出现任何怪诞的天象都不足为奇。

131

汉朝远征匈奴战果如何

武帝元狩四年（前119年）还有一块核心内容，那就是远征匈奴。

赵信之患

原文：

上与诸将议曰："翕侯赵信为单于画计，常以为汉兵不能度幕轻留，今大发士卒，其势必得所欲。"

这段时间，如果说有一个人最让武帝苦恼，那应该就是赵信了。他原本是归降汉帝国的一名匈奴首领，先是受封翕侯，又追随卫青立过功，称得上匈奴降将中最出类拔萃的一位。四年前，卫青以大将军身份北征匈奴，赵信和苏建打配合，不巧遭遇了伊稚斜单于亲自指挥的匈奴主力。寡不敌众之下，赵信投降了，苏建只身逃回卫青大营。

赵信在汉帝国生活了大约九年之久，是一个不折不扣的汉朝通。所以伊稚斜得到赵信，如获至宝，对他言听计从。赵信给了伊稚斜一条重要建议：往北走，到沙漠北边去，远离汉帝国边塞。这样，汉帝国若再次北征，就必须穿越沙漠，劳师袭远，匈奴就能够以逸待劳，轻松取胜了。[1]

按说匈奴主力退到沙漠以北，已是今天的蒙古国境内，汉帝国如果穷追不舍，继续寻求决战，战争成本足以拖垮国家财政。打这种仗，且不说赢面太低，就算打赢，大概也得不偿失。

但武帝有自己的想法：既然赵信为伊稚斜单于做出这样的安排，就一定想不到汉帝国会不计成本和风险，派大军远征，那就不妨将计就计，舍不得鞋子套不着狼。这一仗如果打好了，可以毕其功于一役，从此根除匈奴之患。

账只要这样一算，再高的成本都可以接受。

---

[1] 详见前文第117讲。

重兵出击

原文：

乃粟马十万，令大将军青、票骑将军去病各将五万骑，私负从马复四万匹，步兵转者踵军后又数十万人，而敢力战深入之士皆属票骑。票骑始为出定襄，当单于；捕虏言单于东，乃更令票骑出代郡，令大将军出定襄。郎中令李广数自请行，天子以为老，弗许；良久，乃许之，以为前将军。太仆公孙贺为左将军，主爵都尉赵食其为右将军，平阳侯曹襄为后将军，皆属大将军。

方案就这么定了。就在当年春天，卫青、霍去病各自统率五万骑兵深入漠北。这一次的用兵规模因为太突出，所以被详详细细记录在案。战马的主力是"粟马十万"，都是用粮食喂的。要知道那时农作物亩产量不高，又遭遇了特大洪灾，七十万灾民被大规模迁徙、安置，国家并没有多少余粮，能够保障十万匹战马得到充足的粮食喂养，称得上难能可贵。

十万名士兵配十万匹战马，马不够用，因为人和马的最佳比例是一人配三到四匹马。这样，人可以换着马骑，让马有足够的休息时间，减少马的损耗。要知道，战场上骑兵一旦没了马，就和等死差不多。可是，汉帝国已经拿不出那么多马，士兵只有自备，但不可能人人都有这个财力，最后只凑出四万匹。步兵和后勤部队还有几十万人，跟在骑兵后边。

这次的统帅配置也和以往不同。这些年都是以卫青为大将军，各路将领归卫青统一调度，但这一次卫青和霍去病齐头并进，互不统属，精兵强将都配给了霍去病。并且，武帝还根据俘虏的口供即时调整卫青、霍去病的行军方向，刻意由霍去病正面寻歼伊稚斜单于所在的匈奴主力。

卫青麾下，有我们熟悉的李广、公孙贺。本来，汉武帝觉得李广年纪太大了，不想让他再出征，但经不住李广软磨硬泡，给他安排了一个前将军。

卫青麾下，还有我们不太熟悉的赵食其、曹襄。曹襄值得介绍一下。他是开国功臣曹参的后人，第五代平阳侯。他的父亲是第四代平阳侯曹时，武帝刚刚即位时微服出游，就是打着曹时的名号。曹时的妻子，曹襄的母亲，就是武帝的姐姐平阳公主。（《史记·曹相国世家》）平阳公主后来改嫁卫青，这样算起来，卫青将来就是曹襄的继父。不过曹襄娶的是武帝和卫子夫所生的长女，也就是卫青的外甥女。亲上加亲，关系太乱。不过在大汉开国功臣中，曹参这一支直到第五代依然有这样的风光，委实不简单。

赵信谋兵

原文：

赵信为单于谋曰："汉兵既度幕，人马罢，匈奴可坐收虏耳。"乃悉远北其辎重，以精兵待幕北。

大将军既出塞，捕虏知单于所居，乃自以精兵走之，而令前将军广并于右将军军，出东道。

汉军如此浩浩荡荡地出征，自然隐瞒不住行踪。匈奴得到消息，在赵信的建议下，既然草原地带有足够的战略纵深，就继续向北方撤退，再将精锐部队安置在沙漠的北部边缘，准备对刚刚穿越沙漠、人困马乏的汉军迎头痛击。

大概谁也想不出比这更好的方案了。事实上，确如赵信所料——汉军长途跋涉千余里，穿越大漠，面前正是严阵以待的匈奴精锐，由伊稚斜单于亲自指挥。也就是说，赵信不但设计出了最优打法，还算准了汉军的行动；伊稚斜单于也准确实施了赵信的战术。集天时、地利、人和于一身，结果却是匈奴败了，到底是怎么回事呢？

再看汉军的行动，反而显得乱糟糟。计划永远赶不上变化。原本为了让霍去病迎战单于主力，行军路线根据情报做了调整。结果大军出塞以后，情报再次更新，是卫青得到了伊稚斜单于所在地的信息。

支开李广

原文：

东道回远而水草少，广自请曰："臣部为前将军，今大将军乃徙令臣出东道。且臣结发而与匈奴战，今乃一得当单于，臣愿居前，先死单于。"大将军亦阴受上诫，以为"李广老，数奇，毋令当单于，恐不得所欲"。而公孙敖新失侯，大将军亦欲使敖与俱当单于，故徙前将军广。广知之，固自辞于大将军；大将军不听，广不谢而起行，意甚愠怒。

于是卫青再次调整行军路线，亲自率领精锐骑兵直奔目的地，命令前将军李广和右将军赵食其两军合并，从东线迂回。东线不但绕远，水草也少，李广有意见了，说自己明明是前将军，就该打前锋，凭什么被编到右翼去？再说自己和匈奴打了一辈子仗，如今难得有了一次正面和单于对决的机会，怎么可以平白放弃呢？

老将军的心情可以理解。李广要能力有能力，要勇气有勇气，眼睁睁看着同辈人甚至后辈人都立功封侯，自己这张老脸越来越没处放，心心念念想要一个立功的机会。哪知道刚等来了机会，卫青却偏偏把自己支开了。

站在卫青的角度，李广立功就等于他立功，他没有任何道理和李广争功。他的安排只是出于两点考虑：一是临行时武帝悄悄叮嘱过他，说李广不但老了，而且运气特别差，不能让他直接和单于对垒，免得坏了大事；二是卫青的死党公孙敖前不久才因没和霍去病打好配合被剥夺爵位，这次以校尉的身份追随卫青出征——校尉按说已是高级军官，级别是比二千石，大约相当于师长，但公孙敖属于戴罪之身，先前又是彻侯身份，卫青自然想把立功的机会留给他，而不是李广。

李广无奈之下，气哼哼离开大营，甩给卫青一个愤怒的背影，但也只能去和赵食其合兵。然后，倒霉事情真的发生了：不知为何，军中没了向导，队伍迷了路，等卫青把仗打完班师南下，李广军团才和卫青军团接上头。

卫青大胜

原文：

大将军出塞千余里，度幕，见单于兵陈而待。于是大将军令武刚车自环为营，而纵五千骑往当匈奴；匈奴亦纵可万骑。会日且入，大风起，砂砾击面，两军不相见，汉益纵左右翼绕单于。单于视汉兵多而士马尚强，自度战不能如汉兵，单于遂乘六骡，壮骑可数百，直冒汉围，西北驰去。时已昏，汉匈奴相纷拿，杀伤大当。汉军左校捕虏言，单于未昏而去，汉军发轻骑夜追之，大将军军因随其后，匈奴兵亦散走。迟明，行二百余里，不得单于，捕斩首虏万九千级，遂至窴颜山赵信城，得匈奴积粟食军，留一日，悉烧其城余粟而归。

再看卫青这条线。支走了李广之后，卫青率军越过沙漠，和严阵以待的匈奴大军正面相逢。如果按赵信的想法，汉军长途跋涉，才出沙漠时应该是状态最低迷的阶段。强弩之末，势不能穿鲁缟，匈奴不难一战而胜。

但赵信没料到，卫青这一支本应师老兵疲的远征军，才出沙漠竟然就有一战之力。

卫青下令，以一种叫作武刚车的战车结成环形营垒，然后亲率五千骑兵发起冲锋，匈奴则以两倍的人马迎战。天色已黄昏，忽然间狂风大作，漫天砂砾乱飞，让人睁不开眼。这样的情形之下，战场上已经敌我难辨了。卫青看准时机，发动后备队左右包抄。

仗打到这时，伊稚斜单于的心态崩溃了。本以为以逸待劳，以静制动，没想到汉军不但人多势众，而且体能、士气、指挥，样样撑得住。怎么办？三十六计走为上。伊稚斜单于在几百名精锐骑士的保护下，突破汉军的包围，向着西北方向逃命去了。打不过就跑，是匈奴的常规作风，但丢下大部队就跑，无论如何都说不过去，伊稚斜单于今后想要重塑威望可就难了。

正面战场上，双方还在艰苦鏖战，等到发现伊稚斜单于已经逃了，汉军连夜追击，匈奴人也无心恋战，在夜幕的掩盖下纷纷逃散。卫青追击二百里，最终没能追上单于。检查战果，斩首一万九千级。他们继续行军到赵信城，休整一天，把匈奴人储藏的粮食大吃一顿，吃不完的就烧光了事。

那么问题来了：匈奴不是游牧民族吗，赵信城是怎么回事？这是因为赵信投降之后，把汉帝国的筑城经验带到了匈奴。匈奴当中也不乏汉人，所以筑城、挖井、种粮，总能找到人做。因工程由赵信主持，这座城就得名为赵信城。看来要么是城墙筑造得不像样，要么是虽然筑了城却不懂怎么防御，所以才让卫青轻而易举进了城。否则，卫青军团缺乏攻城设施，城中又有充足的存粮，攻城谈何容易。

不过，最让人疑惑的不是赵信城，而是卫青军团旺盛的战斗力到底从何而来？

最有可能的原因就是：汉军在兵力上占了优势，卫青率先投入战斗的五千骑兵只是一部分精锐，大部队留在武刚车围合的营垒里迅速休整，等到体力恢复一些，再从容投入战斗。这里出现的武刚车并不是战车，而是运输车，既可以坐人，也可以载物。坐人的话，除驾驶员外，左右还能各坐一人。（孙毓棠《西汉的兵制》）武刚车的合理使用，既可以为战斗人员节省体力，又可以在战时迅速结阵，让匈奴骑兵无法轻易突破。

卫青军团赢得漂亮，那么李广又会如何收场？霍去病在错失了和单于对决的机会后，又能打出怎样的战绩呢？

132

霍去病如何取得了非凡战果

赵信城被毁,使匈奴对筑城有了心理阴影。后来再有筑城的打算时,反对派就会拿赵信城当成教训,认为还是保持游牧传统、随身带着全部家当才最稳妥。假如卫青当时没能摧毁赵信城,也许筑城这种新风尚并不难得到匈奴人的认可,毕竟他们就算游牧,也会愿意在某个固定路线上的固定地点有个遮风挡雨的地方。

李广之死

原文:

前将军广与右将军食其军无导,惑失道,后大将军,不及单于战。大将军引还,过幕南,乃遇二将军。

大将军使长史责问广、食其失道状,急责广之幕府对簿。广曰:"诸校尉无罪,乃我自失道,吾今自上簿至莫府。"广谓其麾下曰："广结发与匈奴大小七十余战，今幸从大将军出接单于兵，而大将军徙广部，行回远而又迷失道，岂非天哉！且广年六十余矣，终不能复对刀笔之吏！"遂引刀自刭。

卫青从穿越沙漠和伊稚斜单于决战，到追杀单于、火烧赵信城，始终也没见到李广和赵食其的影子。如果按照当初的部署，李广和赵食其兵合一处，从右翼迂回出击，应当在决战的时间点上和卫青的主力部队形成对匈奴的夹击态势。

但计划总是赶不上变化，在"天苍苍，野茫茫"的广袤北方，两支军队只要分开，到底能否在约定时间到达约定位置，很大程度上就要取决于运气。而只要提到运气，就会把李广排除在外。李广和赵食其迷了路，白白绕了一个大远，终于和凯旋中的卫青尴尬地会师了。

按照流程，李广和赵食其到底为何耽搁，没能参加会战，是要调查和论罪的。不出意外，李广会被判处死罪，但只要缴纳赎金，就可免除死罪，贬为平民。对于武将来说，这其实有点像家常便饭，因为战争总是充满了偶然因素，胜败乃兵家常事。将军被贬为平民也不是什么大不了的事，只要能力被认可，很快就会获得重新起用的机会。这种事，李广并不是第一次经历。不过这次的特殊性在于，他已经六十多岁，又被嫌弃，就算缴纳赎金，贬为平民，大概也等不到重新起用的机会了。一念及此，李广大发一通牢骚，最后留下一句充满悲凉的硬气话："终不能复对刀笔之吏。"意思是，自己都这把年纪、这个资历了，无法接受那些文职小公务员的盘问。话讲完，老将军拔刀自刎。

所谓"终不能复对刀笔之吏"，是贾谊的"阶级"理论结下的果。

桃李不言　下自成蹊

原文：

广为人廉，得赏赐辄分其麾下，饮食与士共之，为二千石四十余年，家无余财。猿臂，善射，度不中不发。将兵，乏绝之处见水，士卒不尽饮，广不近水，士卒不尽食，广不尝食，士以此爱乐为用。及死，一军皆哭。百姓闻之，知与不知，无老壮皆为垂涕。而右将军独下吏，当死，赎为庶人。

单于之遁走，其兵往往与汉兵相乱而随单于，单于久不与其大众相得。其右谷蠡王以为单于死，乃自立为单于。十余日，真单于复得其众，而右谷蠡王乃去其单于号。

《资治通鉴》总结李广的一生,内容是从《史记·李将军列传》来的。司马迁对李广不但佩服得五体投地,而且特别有同情之理解。李广向来和士兵同甘共苦,死后家无余财。他的死不但使全军痛哭,就连民间,无论认识还是不认识他的人,也都为他流泪。司马迁还有一段评论,说自己曾经见过李广,一代名将其实就是一副老实模样,不善言辞,但还是得到了天下人的认同。司马迁最后评价:"桃李不言,下自成蹊。"意思是,虽然桃树和李树不会说话,但它们的芬芳吸引了人们,树下自然会被踩出小路。他还补充了一句:"此言虽小,可以谕大也。"说这虽然是很朴素的一句谚语,却蕴含着很深刻的道理。

李广自杀了,而赵食其被送进了调查流程,不出意外地被判死罪,又赎为庶人。李广若低下他那颗高傲的头颅,若还有大把青春可以挥霍的话,一定也会是这样的结局。

再来看伊稚斜单于。他在仓皇出逃之后,就和大队人马失去了联系。右谷蠡王以为单于已死,于是自立为单于。就这样过了十多天,伊稚斜单于总算和大部队会合,右谷蠡王这才摘掉了单于头衔。

封狼居胥

原文：

票骑将军骑兵车重与大将军军等，而无裨将，悉以李敢等为大校，当裨将，出代、右北平二千余里，绝大幕，直左方兵，获屯头王、韩王等三人，将军、相国、当户、都尉八十三人，封狼居胥山，禅于姑衍，登临翰海，卤获七万四百四十三级。天子以五千八百户益封票骑将军，又封其所部右北平太守路博德等四人为列侯，从票侯破奴等二人益封，校尉敢为关内侯，食邑；军吏卒为官、赏赐甚多。而大将军不得益封，军吏卒皆无封侯者。

霍去病统率的军队规模和卫青一模一样，但汉军精锐全在他这一边。而卫青有李广、赵食其这些大将，霍去病则只有一些年轻指挥官，其中最突出的就是李广之子李敢。

李敢已不是第一次出场。先前上阵父子兵，在汉军处于绝对劣势的情况下，李敢只带着几十名勇士在匈奴大军中左冲右突，让李广全军稳了军心。[1] 这一次不知为何，可能是因为出色的作战能力，李敢没有追随

---

[1] 详见前文第123讲。

在父亲身边，而是以大校身份加入了霍去病军团。

霍去病麾下备足了精兵强将，原计划是直接和伊稚斜单于展开决战，但战局瞬息万变，最终对阵单于主力的却是卫青。那么，留给霍去病的机会还能有多少？

这场远征，霍去病俘获了不少匈奴高级头领，斩首数量高达七万四百四十三，是卫青军团斩首数量的三倍多。更加耀眼的是，霍去病"封狼居胥山，禅姑衍山"，也就是在狼居胥山和姑衍山举行了封禅大典。这种举动，实际意义约等于零，但象征意义无穷大——它标志着大汉天子对草原地带的所有权。

狼居胥山到底在哪儿，说法很多，莫衷一是。按照主流的说法，它就是今天蒙古国首都乌兰巴托东侧的肯特山。（谭其骧《中国历史地图集》）封和禅是配套的一组典礼，所以举行禅礼的姑衍山应该就在狼居胥山的旁边。

封禅大典是儒家最为重视的典礼，讲究也最多。所以秦始皇也好，汉武帝也罢，为了亲自到泰山举行封禅典礼，都遇到阻碍无数。反而是霍去病远征在外，一个儒生都没带，因陋就简，直截了当就完成了封禅典礼。从此以后，"封狼居胥"成为一则典故，每当农耕世界被游牧世界欺凌，就会有文人骚客频繁引用

"封狼居胥"的故事，期待苍天再为中原降下一位霍去病一样的战神。

霍去病取得了这样的战绩，本人受到封赏自不必说，麾下还有四名功臣受封彻侯。李广之子李敢也受封关内侯。关内侯本来是没有采邑的，但武帝特批李敢享有采邑二百户，还让他接替了李广的郎中令职位。（《史记·李将军列传》）但李敢应该高兴不起来，父亲的自杀是他心里的一根刺。

在封侯的四名功臣当中，复陆支和伊即靬（jiān）都是归降的匈奴首领。还有两位采邑增加的将军：一位是赵破奴，原本是边郡汉人，逃亡到匈奴，又逃回了汉帝国；一位是赵安稽，也是投降的匈奴首领。（《史记·卫将军骠骑列传》）复陆支和伊即靬，只要一看名字就知道是外来语的音译，但赵安稽是完全汉化的名字，和赵信一样。还有在霍去病麾下作战立功的高不识，只看姓名也看不出是匈奴血统。可见，匈奴人在霍去病军团中的占比应该很高。

除了这些受封彻侯、关内侯的功臣，霍去病军中还有很多人获得了奖励。但再来看卫青军团，不但卫青本人未得到任何赏赐，其麾下也没有任何一人因功封侯。这是什么原因呢？

133

司马迁如何褒贬同时代的三位名将

战马损失

原文:

两军之出塞，塞阅官及私马凡十四万匹，而复入塞者不满三万匹。

当时，朝廷考核军队，用的是从商鞅时代传下来的数字化管理：清点斩获的首级，计入收益栏；清点伤亡人数，计入损失栏；然后收益和损失加总求和，看最后的数值是正是负。

卫青和霍去病各率五万骑兵。霍去病不但俘获了不少匈奴高级头领，而且斩首数量高达七万四百四十三，比自己的全军总人数还多，总收益显然是正值。《史记》收录的武帝诏书，透露说霍去病军团的折损在十分之三。(《史记·卫将军骠骑列传》)《汉书》记载的数字则是十分之二。(《汉书·卫青霍去病传》)而卫青军团斩首一万九千级，仅仅是霍去病军团斩首数字的四分之一略多，且军队的折损差不多也是这个数字。两者加总，卫青的总收益约等于零，得不到封赏也只是按规则办事。

这样一来，卫青虽是大将军，却被霍去病后来居上，今后应该如何自处呢？

《资治通鉴》还交代了战马的损耗：汉帝国为了这场战争，一共动用了官方和私人的战马十四万匹，这已是全国战马储备的极限。而打完仗回来时，只剩不到三万匹。这就意味着，虽然汉帝国在这一仗当中折损了几万人，但兵源还可以源源不断，真正的难题出现在战马数量上，不是短时间之内就能恢复元气的。所以，从此以后直到卫青过世的十四年间，汉帝国再没有组织过对匈奴的大规模攻击，打不动了。当然，除了战马还有三个原因：一是匈奴经此一役，被打到了伤筋动骨的程度，躲到远处养伤去了；二是武帝把用兵的重点放在了解决朝鲜、羌族和西南夷问题上；三是霍去病很快就会英年早逝，他和卫青这一对甥舅再也没有同台竞技的机会了。(《史记·卫将军骠骑列传》)

霍进卫退

原文：

乃益置大司马位，大将军、票骑将军皆为大司马，定令，令票骑将军秩禄与大将军等。自是之后，大将军青日退而票骑日益贵。大将军故人、门下士多去事票骑，辄得官爵，唯任安不肯。

论功行赏时，武帝还有自己的一点小心思，所以增设了一个大司马的职位，让卫青和霍去病同时任职，品级和俸禄完全相同。表面看来，两人从此并驾齐驱，形成了分权制衡的态势，但明眼人不难看出谁才是皇帝的新宠。于是，卫青的故人、门客纷纷离开了他，转投到霍去病门下。这只是权力场上的常态，一点都不令人意外，只有任安依旧留在卫青身边。

任安已在前文出过场。他本是一个孤儿，辗转求生，终于落脚在卫青府上，和同为卫青门客的田仁惺惺相惜。卫青对任安谈不上善待，也没看出任安有多么与众不同，只是因为一次机缘巧合，不得已把任安和田仁推荐给了武帝，让这两人有了大展拳脚的机会。（《史记·田叔列传》）所以，任安不肯背弃卫青，应该并非出于多深的感情，只是不屑去和自己一向看不惯的势利小人同进同退。

任安后来还有很多戏份。司马迁还给他写过一封著名的回信，也就是《古文观止》里的《报任少卿书》，也叫《报任安书》。"少卿"是任安的字。司马迁洋洋洒洒，说"盖文王拘而演《周易》，仲尼厄而作《春秋》，屈原放逐乃赋《离骚》，左丘失明厥有《国语》……"这一段我们今天耳熟能详的排比句，就是写给任安的。

霍去病为人

原文：

票骑将军为人，少言不泄，有气敢往。天子尝欲教之孙、吴兵法，对曰："顾方略何如耳，不至学古兵法。"天子为治第，令票骑视之，对曰："匈奴未灭，无以家为也！"由此上益重爱之。然少贵，不省士，其从军，天子为遣太官赍数十乘；既还，重车余弃粱肉，而士有饥者；其在塞外，卒乏粮或不能自振，而票骑尚穿域蹋鞠；事多此类。

这样一看，霍去病竟然有几分小人得志的嘴脸，但他只是被武帝安排在了一个敏感的位置上而已。《资治通鉴》继而交代霍去病的为人，说他"少言不泄，有气敢往"，就是说他"人狠话不多"。

《资治通鉴》重点记载了霍去病生活和军旅生涯的几个侧面，使他的形象一下子丰满起来。司马光不太有文学性的构思，材料全由《史记》而来。第一个侧面是：武帝要教霍去病孙吴兵法，但霍去病有点不屑一顾，说自己动脑就够用，哪用学习古代兵法呢？

从武帝的话来看，当时孙子和吴起的兵法已经齐名，才会出现"孙吴兵法"这种合称。霍去病的回答表现出一种来自实践家的强大自信，隐含之意：远征匈奴是前无古人的打法，知识应该迭代了，没必要再翻老皇历。

第二个侧面是：武帝为霍去病修建府邸，修好之后让他去看，霍去病照旧不屑一顾，说出一句千古名言："匈奴未灭，无以家为也。"意思是，灭匈奴才是男子汉的正经事，正经事都还没办完，自己没心思盖房成家。这非同寻常的见识和胸襟，让武帝越发欣赏霍去病。

但第三个侧面就不那么动人了：霍去病从小享受锦衣玉食，对普通人产生不了同情心和同理心。出征时，武帝特意安排负责皇家饮食供应的部门准备出几十车的好吃好喝。而霍去病班师回朝时，没吃完的好米好肉直接倒掉，士兵们却还有人饿肚子。远在塞外时，因为食物短缺，有些士兵甚至饿得站不起来，霍去病却非要踢球。这并非特例，同类的事情还有很多。

不过，霍去病踢球未必就是玩乐。《汉书·艺文志》罗列的兵法资料，有所谓"兵技巧十三家"，讲的是军体训练的内容。当时的蹴鞠活动大概分为两类，一类像今天的棒球，一类像今天的足球。被打或被踢的球，已有考古实物出土，比如敦煌马圈湾烽燧遗址出土的蹴鞠，是用细麻绳和白绢揉搓成绳子，把一团丝绵捆绑成一个球形。（王子今《秦汉名物丛考》）如果把蹴鞠当成军体训练，那么关于霍去病踢球这段记载，就不是在形容他自顾自踢球取乐，而是形容他不管士兵死活，一味严格操练，凡是饿着肚子跟不上节奏的就自动淘汰。

卫青性情

原文：

大将军为人仁，喜士退让，以和柔自媚于上。两人志操如此。

卫青的为人刚好相反。按说以他的人生际遇，如果不带贬义，仅从身份意义上使用"小人"一词，那是名副其实的小人得志。卫青是家生奴出身，父亲不把他当儿子，同父异母的哥哥不把他当兄弟。但他直到当了皇亲，打了胜仗，成为实至名归的大将军，也从没有一点"得志便猖狂"的表现。相反，他为人宽厚，礼贤下士，爱护部属——以这样的为人，给他贴上一个"谦谦君子，温润如玉"的标签似乎更合适。但司马迁说他"以和柔自媚于上，然天下未有称也"，《资治通鉴》只截取了前半句。司马迁的说法可以说相当不给卫青面子，形容他以女人般的柔顺姿态处处讨武帝欢心，虽有仁爱谦和的美德，却得不到天下人的称赞。

司马迁在描写自己同时代的名将时，对李广倾注了全部的热情，盖棺定论的话是"桃李不言，下自成蹊"。李广貌不惊人，不善言辞，论官职没做过主帅，论爵位没封过彻侯，但人民的眼睛是雪亮的。相形之下，卫青的仁爱、宽厚和谦退，一切表面上的美德，都不过是惺惺作态。

以司马迁的文笔，对人物的褒贬特别见功力，但不知他为何对卫青如此。后来班固写《汉书》要从《史记》取材，司马光写《资治通鉴》要从《汉书》取材，怎么都脱不了《史记》的窠臼。司马光即便删掉"然天下未有称也",也还是保留了"以和柔自媚于上"。卫青这样一个成功实现人生逆袭的榜样人物,一个在域外屡立殊勋的英雄指挥官,竟然被贴上这样的标签,不啻被钉在了历史的耻辱柱上。

那些"以和柔自媚于上"的男人,在《史记》中有专门的一篇叫《佞幸列传》,里面有我们熟悉的邓通、赵谈,不过是皇帝的男宠而已。司马迁特地提到,在武帝时代,佞幸大多出自外戚之家,而卫青、霍去病也是因为外戚身份受宠,只是他们能够凭着自身的本领建功立业罢了。(《史记·佞幸列传》)言下之意似乎是,卫青、霍去病若没有建功立业,一样会成为武帝的宠臣,致身通显不在话下,只不过因为他们确实有建功立业的表现,所以他们的事迹才会在其他篇章里单独交代,而没有列入《佞幸列传》。卫青、霍去病只不过是佞幸当中的佼佼者。

那么,司马迁的褒贬在不在理呢?

134
武帝为什么会逼狄山去送死

大多数人应该不会认同司马迁的说法，但有反例，就是清代学者王鸣盛。他的史学著作《十七史商榷》很有影响力，和赵翼的《廿二史劄记》、钱大昕的《廿二史考异》并称为乾嘉时期的三大考史名著。王鸣盛的见解确实别具一格。他认为，霍去病的风格和卫青的一样，都属于"以和柔自媚于上"，所谓的豪言壮语"匈奴未灭，无以家为也"只是"自媚之词，非其本心"。

不管是不是"自媚之词"，这句话都千古传诵，激励了无数时代的无数人。但考虑到司马迁对李广的那句评价——"桃李不言，下自成蹊"，又似乎是在说别被那些满嘴金句之人削弱了判断力。

那么问题来了：卫青、霍去病的赫赫战功总不能被一笔抹杀吧？

王鸣盛的看法是：他们只是"竭民力以成功"，也就是说，胜利都是拿汉帝国的人力、物力堆出来的，但凡能如此，哪怕换个人来指挥，也能打赢。（［清］王鸣盛《十七史商榷·卷六》）

然而，发议论总是容易的，至少比打仗容易得多；形成共识却很难，甚至比出塞远征还难。

举国一搏

不过王鸣盛至少说对了一点：汉帝国确实在拿举国之力和匈奴拼，完全不在乎杀敌一千，自损八百——哪怕是杀敌八百，自损一千，也没问题。

原文：

是时，汉所杀虏匈奴合八九万，而汉士卒物故亦数万。是后匈奴远遁，而幕南无王庭。汉渡河自朔方以西至令居，往往通渠，置田官，吏卒五六万人，稍蚕食匈奴以北；然亦以马少，不复大出击匈奴矣。

元狩四年这一战，匈奴被杀被虏八九万人，先前浑邪王还带着四万多人归降了汉朝，以匈奴的人口总量，这口元气怕是要一代人以上的时间才能恢复。虽然汉帝国也有几万人的损失，但淮南、衡山两大案，诛杀几万名罪犯如同砍瓜切菜，人口总是拼得起的。只不过战马拼不起，所以汉帝国虽然还能打羌人、朝鲜、西南夷，但已没能力对匈奴再一次发动远征。

汉匈局势就此发生了转变：匈奴向更北的地方退却，把战略纵深拉得更深了，于是"幕（漠）南无王庭"，沙漠以南不再有单于的指挥部了；汉帝国则渡过河套地区的黄河河段，向西部开疆拓土，在朔方到令居一带挖沟种田，屯驻五六万名士兵，蚕食着匈奴人的传统活动区域。

令居的位置，在今天甘肃省中部，兰州市永登县西北。令居这个地名，望文生义，就是先零（令）羌的居住地。羌人原先和匈奴关系不错。张骞通西域时，要避开匈奴人的地盘，也要避开羌人的地盘。现在匈奴人逃到漠北养伤去了，羌人孤掌难鸣，要挨汉人的打了。此后从令居向西北出发，汉帝国又不断建城、屯田，控制了今天的甘肃全境，或者说控制了沟通西域的河西走廊。

请求和亲

原文：

匈奴用赵信计，遣使于汉，好辞请和亲。

匈奴虽然败得很惨，却没有一蹶不振，总还要重新估量局势，制定对汉方针。这一次匈奴还是采用了赵信的意见，不打了，派使者去长安，请求恢复当年美好的和亲关系。

可见伊稚斜单于并没有以成败论英雄，否则，退守漠北以逸待劳的主意是赵信出的，结果被卫青打败；修建赵信城也是赵信的主意，结果储藏的粮食被卫青吃了，整座城都被烧光。赵信很像是匈奴版的李广。他的策略都是相关问题的最优解，但就是运气差，最终走向失败。这一次也不例外。既然双方都打不动了，那么匈奴只要主动服软，和亲就等于补血。退一步说，就算汉帝国给的陪嫁打了折，至少边境贸易还可以做下去。就算汉帝国这回硬气到底，不答应和亲，至少匈奴还能争取一个做贸易的机会。

原文：

天子下其议，或言和亲，或言遂臣之。丞相长史任敞曰："匈奴新破困，宜可使为外臣，朝请于边。"汉使任敞于单于，单于大怒，留之不遣。

那么，武帝要不要答应和亲的请求呢？群臣开会讨论，有的说应该和亲，有的说应该趁战胜之威，把匈奴收为藩属国。丞相长史任敞自告奋勇,请求出使匈奴,缔结宗主国和藩属国的关系。

胜利的狂欢总是容易激发人的赌性。任敞没想到,匈奴虽然伤得重,但远没到绝境,更何况单于也是要面子的。至于武帝,就算他想到了这一层,既然任敞愿意去试,胜固可喜,败亦无妨,万一成功了呢?而武帝没能等到这个"万一"——愤怒的单于扣留了任敞,不放他回国了。

提到被匈奴扣留的汉朝使者,我们马上会想到苏武。但同样遭遇、同样守节不屈的使者并非只有苏武一个,只不过他的经历被描写得最丰富、最有传奇色彩,又被附会了和李陵的诗歌往来,所以才会在历史上一枝独秀。清朝史学家赵翼专门罗列过这些使者的姓名、身份和被羁押的时间,最后感叹一声:一个人能否青史留名,留了怎样的名,到底要看运气。([清]赵翼《廿二史劄记校正·卷二》)

朝廷的使者被扣留,是天大的事,汉帝国必须做出强硬的反馈。根据《史记·匈奴列传》,汉帝国确实准备重整军队,再征漠北,但不巧霍去病过世了,所以作战计划被搁置下来。

霍去病之死,是在武帝元狩六年(前117年)。很难想象那时汉帝国有实力再对匈奴发动远征,所以

《资治通鉴》没有采信《史记》的说法。至于扣留使者，汉匈双方在这个问题上较起了劲——你留我几个使者，我就留你几个，一报还一报。(《史记·匈奴列传》)

狄山之死

原文：

是时，博士狄山议以为和亲便，上以问张汤，汤曰："此愚儒无知。"狄山曰："臣固愚，愚忠；若御史大夫汤，乃诈忠。"于是上作色曰："吾使生居一郡，能无使虏入盗乎？"曰："不能。"曰："居一县？"对曰："不能。"复曰："居一障间？"山自度辩穷且下吏，曰："能。"于是上遣山乘障；至月余，匈奴斩山头而去。自是之后，群臣震慑，无敢忤汤者。

当时汉帝国的考虑，应该不存在"宜将剩勇追穷寇"的选项，而仅仅是在"恢复和亲"和"臣服匈奴"两个方案之间摇摆不定。支持和亲的人，《资治通鉴》以博士狄山为代表。武帝向张汤征求意见，张汤很不屑，说狄山的话只是迂腐的书生之见。朝堂上的国务会议，竟然出现了人身攻击的场面。狄山虽只是一个博士官，却反唇相讥道："我虽然愚，但我是愚忠。张汤不一样，他是诈忠。"意思是，张汤对武帝的忠诚只不过是装出来的，自己才是赤胆忠心、绝无二意。

没想到武帝脸色变了，问狄山道："我派你当郡守，你挡得住匈奴的进犯吗？"

狄山老实答道："不能。"

武帝再问："那你有把握守住一个县城吗？"

狄山依然老实回答："不能。"

武帝再问："让你驻守一座堡垒呢？"

狄山这才发现不妙，若还是照实回答，自己就该被下狱治罪，没办法，他只有硬着头皮回答："能。"

武帝当即就把狄山派去边塞守卫一座堡垒。才一个多月，匈奴入侵，砍下了狄山的头颅。自此以后，群臣都被震慑住了，没人再敢招惹张汤。

那么，匈奴都被打成重伤了，怎么还能侵扰汉帝国的边境呢？

这就是匈奴的特点，组织结构松散，各干各的，而不是单于一声令下，所有人就都集合到漠北去了。

读《资治通鉴》，我们会认为武帝对张汤特别偏爱，简直到了护犊子的地步——哪至于为一句气话就借刀杀人，逼死狄山呢？这要怪司马光过度删减史料，扭曲了原来的意思。

这段内容的原始出处是《汉书·张汤传》。狄山赞同和亲,理由不过是说这些年和匈奴打仗,国家已经折腾不起了。问题出在狄山说张汤"诈忠"之后。当时,狄山还有一大段论证,说淮南王刘安和衡山王刘赐的大案就是张汤主持审理的。张汤使足了力气给诸侯王定罪,离间皇家的骨肉亲情,使诸侯国内人人自危,这不是诈忠是什么?

狄山的单纯,在于他从没想过张汤的核心竞争力就是揣摩上意。张汤敢对皇亲大搞株连,能多杀一个,绝不少杀一个,就是因为把准了皇帝的脉。狄山敢在朝堂上拿这段黑历史攻击张汤,就等于当众揭开了武帝的假面具,这才是狄山的取死之道。但武帝这样逼他送死,代价就是没人再敢提不同意见了,至少从此以后,张汤的兴风作浪越发没了顾忌。苏轼评论,后来张汤用事,导致盗贼遍天下,汉帝国几乎陷入混乱,祸根就在狄山这件事上。([宋]苏轼《苏轼文集编年笺注·卷七·狄山论匈奴和亲》)

那么这一次,平时犀利直接的汲黯怎么没出现呢?

135
义纵和王温舒是怎样的酷吏

原文:

是岁,汲黯坐法免,以定襄太守义纵为右内史,河内太守王温舒为中尉。

《资治通鉴》说:汲黯犯了法,被免职了。到底犯了何法,并未交代。《史记》也只是说汲黯的罪过不大,又遇到赦令,所以只是免职而已。在今天看来,免职是一件大事,尤其是汲黯这种高级别的老臣被免。但在汉朝,免职虽不能说是家常便饭,至少也算平常,官场上大起大落、几起几落的例子很多。像汲黯这样的人,免职相当于放个长假。

免职之前,汲黯的职务是右内史。内史是京畿地区。当初汉文帝把京畿地区一分为二,就分成左、右内史,对应的行政长官也叫左内史和右内史,和九卿、郡太守平级。汲黯被免职之后,定襄太守义纵调任右内史，河内太守王温舒调任中尉。这两人都是武帝时代的著名酷吏。

酷吏义纵

原文：

先是，宁成为关都尉，吏民出入关者号曰："宁见乳虎，无值宁成之怒。"及义纵为南阳太守，至关，宁成侧行送迎；至郡，遂按宁氏，破碎其家；南阳吏民重足一迹。

后徙定襄太守，初至，掩定襄狱中重罪、轻系二百余人，及宾客、昆弟私入视亦二百余人，一捕，鞠曰"为死罪解脱"，是日，皆报杀四百余人，其后郡中不寒而栗。是时，赵禹、张汤以深刻为九卿，然其治尚辅法而行，纵专以鹰击为治。

义纵其人有多可怕呢？当年酷吏宁成不可一世，唯独对义纵毕恭毕敬，一来是因为宁成知道义纵的手段，二来是因为义纵当时就任南阳太守，而南阳正是宁成的老家。义纵到了南阳，一点没给宁成面子，三下五除二就灭掉了宁氏家族，连宁成本人也没放过。南阳的官吏和百姓，在义纵的雷霆手段之下"重足一迹"——意思是两只脚叠着放，在地面上只留下一只脚的脚印，形容人在极度恐惧的情况下缩成一团、不敢迈步的样子。

后来义纵从南阳太守调任定襄太守，才到定襄，就对监狱下手：查明重刑犯没有佩戴相应刑具的有二百多人，私自探监的有二百多人，通通抓起来，判定的罪名是"为死罪解脱"。于是一日之内诛杀四百多人，一郡官民"不寒而栗"，刁民全都老实了。成语"不寒而栗"就是这么来的。

虽然当时赵禹、张汤都因执法严苛、深文周纳而位列九卿，但他们做事毕竟还要从法律当中找依据，跟义纵相比就算温和派了。义纵的做派，《资治通鉴》说"专以鹰击为治"，像老鹰捕食一样。若追溯到原始出处，《史记·酷吏列传》的说法是"以鹰击毛挚为治"，意思一样，但依照颜师古的注释，后者的表达形象很多，形容老鹰在捕食时，浑身的羽毛都支棱起来的样子，留给我们一个不太常见的成语"鹰击毛挚"。大概因为"毛挚"二字很难理解，颜师古的注释也未必对，所以司马光索性简化处理了。

县无逋事

看上去，义纵是一个草菅人命的大坏蛋，拿老百姓的鲜血为自己的政治生涯铺路。但撇除那些文学性的描写，只看冷冰冰的事实，我们会发现，很难说义纵做错了什么。他敢对宁成家族下重手，这不是一般官员能有的胆魄。而宁成家族冤不冤呢？以今天的标准来看，完全可以将他们定性为黑社会组织。

义纵在定襄的表现，严格来讲也只是秉公执法。至于那四百多人是不是罪不至死，当然是。但义纵的做法相当于特定时期、特定环境下的严打。定襄是一座边郡，疆域大约是今天内蒙古自治区乌兰察布市南部一带。汉帝国北征匈奴，好几次都是从定襄出兵，对当地的社会秩序破坏很大。而要在短时间内重建社会秩序，就只有"治乱世用重典"了。

义纵的出身值得交代一下。他年轻时，和一个叫张次公的好兄弟合伙做强盗，还组建了一个强盗团伙。义纵有个姐姐名叫义姁（xū），因为医术高明，很受武帝母亲王太后的宠爱。王太后问义姁家里还有什么人，可以给他们安排做官。义姁说自己只有一个弟弟，但品行不端，不能走仕途。没想到王太后毫不介意，把事情告诉了武帝。而武帝是一个最不介意出身的人。他先让义纵做了郎官，正好上党郡一个县令的岗位有了空缺，就把义纵派去补缺了。

一个强盗头子，非但没有被治罪，反而当了县令，以合法身份治理一县百姓。不过，当时做强盗头子也好，做地方官也罢，本质上差别不大，都需要做好两件事：一是镇得住人，二是抢得到钱。如果仅仅会抢劫，那就只能做一个独脚大盗，做不了强盗头子，当然也做不了地方官。

义纵上任之后，《史记》说他的表现是"县无逋事"。"逋"既有"逃亡"的义项，也有"拖欠"的义项。很多史料中提到财政问题，有"逋债""逋贷""逋赋"等，总归是老百姓有欠税、欠款没交，地方官费尽心力也收不上来。赋税若不能足额如期缴纳，地方官每年的"上计"——也就是向中央政府提交账簿，汇报工作——数字就难以达标。义纵新官上任，就能做到"县无逋事"——一县百姓该缴的税，该服的役，该还的债，通通没有拖欠，这个政绩非常亮眼，被评为全国第一。义纵从此平步青云。

由此看来，如果单纯讲求治理达标的话，地方官根本不需要掌握多少儒家学术，哪怕不识字都没关系。科举或其他考试方法，主要功能只有两个：一是僧多粥少，必须有一个筛选机制；二是让有志青年有一个消耗野心和精力的渠道，免得他们惹是生非。

不只义纵表现出色，他的强盗伙伴张次公也做了郎官，后来因为骁勇善战，立下了漂亮的军功，受封岸头侯——这可是飞将军李广拼了一辈子都没能拼到的待遇。后来，义纵做到了河内都尉。他的一贯风格是：不管皇亲国戚还是地方豪族，谁不听话就收拾谁。《史记》说，河内郡的治理结果，就是"道不拾遗"。（《史记·酷吏列传》）

道不拾遗

和义纵打配合的王温舒在广平郡做官时，同样做到了让当地"道不拾遗"，而其手段不但有义纵的雷厉风行，更有义纵所没有的阴狠毒辣。

王温舒的出身，比义纵更加不堪。《史记》说他年轻时做的事情是"椎埋为奸"。什么意思呢？有人说是打死人然后偷偷掩埋，有人说是盗墓，总之不是正当营生。但就是这样一个人，不知为什么竟然当上了县里的亭长。大约亭长有抓捕盗贼的职责，不是谦恭君子能够胜任的。

原文：

王温舒始为广平都尉，择郡中豪敢往吏十余人，以为爪牙，皆把其阴重罪，而纵使督盗贼。快其意所欲得，此人虽有百罪，弗法；即有避，因其事夷之，亦灭宗。以其故，齐、赵之郊盗贼不敢近广平，广平声为道不拾遗。

王温舒在亭长任上屡屡被罢免，又屡屡被起用，几经辗转，终于还是在官员队伍里站稳了脚跟。他做到广平都尉时，搞出一种管理创新：挑选了广平郡内十几个最跋扈的官吏，捏着他们的把柄，让他们抓捕盗贼。其中那些尽心尽力的人，不管犯了多大罪，王温舒只当没看见。而那些不肯尽心尽力的人，王温舒就把他们往死里整，甚至灭掉全族。也就是说，他是以黑社会里最黑的手段来管理本郡治安的。在这样的管理手段之下，邻近郡县的盗贼都躲着走，广平郡因此赢得了"道不拾遗"的好名声。后来，武帝听说了王温舒的政绩，调他去做河内太守。

流血十里

原文：

迁河内太守，以九月至，令郡具马五十匹为驿。捕郡中豪猾，相连坐千余家。上书请，大者至族，小者乃死，家尽没入偿臧。奏行不过二三日得可，事论报，至流血十余里，河内皆怪其奏，以为神速。尽十二月，郡中毋声，毋敢夜行，野无犬吠之盗。其颇不得，失之旁郡国，追求。会春，温舒顿足叹曰："嗟乎！令冬月益展一月，足吾事矣！"

天子闻之，皆以为能，故擢为中二千石。

广平郡和河内郡，大体都在今天的河北省境内。所以王温舒在广平郡时，早就听说了河内郡都有哪些豪强和不法家族。到任河内郡后，他马上双管齐下：一方面挑选自己的爪牙，办法和在广平郡时一样；一方面准备出五十匹私家快马，从河内郡到长安设置了若干驿站。等一切部署停当之后，他就开始下手抓人。极短时间之内，连犯案带连坐的，一共抓捕了一千多家人。审判更是神速：家产要么充公，要么归还苦主，充公的肯定占绝大多数。至于人犯，重罪的灭门，轻罪的处死，反正不留活口。

不过，死刑这种大事，需要上报朝廷请示意见。王温舒临时部署的驿站系统在这时就发挥了奇效——文件上报朝廷不过两三天时间，就得到了皇帝的批复。这也说明，武帝从一开始调任王温舒做河内太守时，要的就是这个结果。不管他想杀多少人，武帝都能在第一时间批准，绝不拖泥带水。王温舒得到批复，马上挥舞屠刀，"流血十余里"。整个河内郡的人从没见过这样的杀人规模和批复速度。

王温舒是九月到任的，到十二月结束时，河内郡连偏远地区的小偷小摸都消失了。少数漏网之鱼跑到邻近郡县，王温舒穷追不舍，只不过抓到人时已经开春了。[1] 当时的规矩是立春之后不再行刑，王温舒不由得顿足长叹，说冬天若能再长一个月，自己就能把事情办圆满了。

武帝现在最需要的，就是义纵和王温舒这样的能臣，所以把两人都调到了身边。

---

[1]《资治通鉴》原文："其颇不得，失之旁郡国，追求。"黄侃先生的断句和解读是："《酷吏·王温舒传》：其颇不得失，之旁郡追求。此以其颇不得失为一句。不得即失，而古人自有复语，《西南夷传》道塞不通，即其比类。之旁郡追求为一句。"详见黄侃《读〈汉书〉〈后汉书〉札记》。

136

武帝为什么采取雷霆手段治国

王纲解纽

义纵和王温舒这两名酷吏一路升迁。那么,在汉帝国的全盛时代,以这样的雷霆手段治国,杀人唯恐不多,抄家唯恐不够,真有这个必要吗?

答案是:很有必要,不然就会王纲解纽,社会失序。

我们先跳到汉昭帝始元六年(前81年)。这时,汉武帝已结束自己半个多世纪的统治,驾崩六年了。昭帝下诏,请天下各郡国举荐来的六十多位所谓贤良文学,也就是以儒家知识分子为主的地方贤达,畅所欲言,谈谈民间疾苦。这些民间贤达齐聚长安,和政府官员面对面做沟通。政府这边,主角是御史大夫桑弘羊。他是武帝一朝主持经济改革的操盘手之一,又在武帝临终时接受遗诏,成为托孤大臣之一。

这场沟通，客气话不多，火药味十足。民间贤达们几乎把武帝一朝的大政方针全都痛斥了一遍。武帝已经眼不见心不烦了，但桑弘羊颜面扫地，当即迎头痛击，责备对方只看到局部利益的得失，根本不具备大局观。

在一连串的议题当中，盐铁专卖问题贯穿始终，朝廷也确实在这个问题上做出了让步，所以这场辩论后来被称为"盐铁议"或者"盐铁之议"。昭帝享国不久，到了宣帝时代，郎官出身的桓宽整理盐铁之议的会议纪要，编辑成一部《盐铁论》。今天要想了解武帝一朝的经济政策及其后果，了解汉代的经济思想，这部书是必读的经典。

在《盐铁论》里，民间贤达说：在公孙弘做丞相时，武帝的心思全在开疆拓土上，东西南北四个方向都在用力，于是各种阴谋诡计被朝廷采纳，荆楚人士被朝廷重用。这段话是有地域歧视色彩的：在中原人士眼里，荆楚人士轻浮、好勇斗狠，所以，他们受到武帝的青睐，绝不是好事。

在开疆拓土的事业里，将帅立功封侯，功劳小的人也能得到丰厚的赏赐。因此，"奋击之士"，也就是勇猛杀敌、渴望建功立业的人越来越多。然后连年打仗，战争规模越来越大，士兵们熬不住了，国家财政也撑不起了。于是"设险兴利之臣",也就是人为设置交易障碍、从中牟利的官员开始大显身手,又是开凿运河、盐铁专卖,又是卖官鬻爵。国家的开支越来越多,各级官员中饱私囊的机会也越来越多,老百姓怎么受得了呢?既然老百姓的日子过不下去了,社会秩序自然也就濒于崩溃。而为了维系社会秩序,"憯(cǎn)急之臣",也就是我们熟悉的酷吏开始兴风作浪,苛刻的法令也接二连三地出台。(《盐铁论·刺复》)

三大核心

杨勇先生有一部研究《盐铁论》的专著——《历史多元视野中的盐铁会议与〈盐铁论〉》。书里重点分析了上述内容,认为这是理解武帝一朝政治面貌的枢纽。其中的逻辑链条可以这样简化一下:

首先,因为武帝有开疆拓土的雄心壮志,所以有了"奋击之士"的兴起。

接着,因为"奋击之士"的兴起,国家财政终于吃不消了,所以有了"设险兴利之臣"的兴起,在民间疯狂割韭菜。

然后,因为"设险兴利之臣"的兴起,社会动荡了，不用严刑峻法就无法约束，所以有了"憯急之臣"的兴起。

杨勇先生总结说:"尽管这段话在一定程度上带有文学主观批评的色彩，但还是反映出武帝政治的几大主要内容及其关系。由于这段发言时间距武帝去世仅仅六年，可以说代表了武帝时代结束后，人们尤其是知识阶层对武帝政治的基本认识。如果要问武帝一朝政治的主要线索及内容是什么，无疑是对外征伐、对内兴利以及大兴酷吏这三者。武帝以此三者为核心确立了其统治政策。'奋击之士'事为缘起，对外征伐引起的'兴利之臣'为承上启下的枢纽，其发展至极则导致'憯急之臣'的酷吏政治，此为武帝政治发展的最终结果。"（杨勇《历史多元视野中的盐铁会议与〈盐铁论〉》）

武帝求仙

不过，武帝一朝的政治还有一条主线：求仙。

求仙就像养生。人到中年，身体出现各种状况，又遭遇亲朋好友的生老病死，对神仙方术的兴趣也就自然滋生了。武帝元狩四年（前119年），本年度的最后一桩大事就是武帝的求仙事业。

原文：

齐人少翁，以鬼神方见上。上有所幸王夫人卒，少翁以方夜致鬼，如王夫人之貌，天子自帷中望见焉。于是乃拜少翁为文成将军，赏赐甚多，以客礼礼之。文成又劝上作甘泉宫，中为台室，画天、地、太一诸鬼神而置祭具，以致天神。

齐地有一位名叫少翁的方士求见武帝，兜售自己的神奇法术。当时武帝宠爱的王夫人过世了，于是少翁在夜晚施展神通，使武帝隔着帷幕亲眼见到了王夫人的形貌。

这件事情，《史记》记在王夫人头上，《汉书》记在李夫人头上。司马光做了一番考证，证明《汉书》搞错了。这不重要，重要的是，武帝大喜之下，拜少翁为文成将军，又给了他丰厚的赏赐，对他以客礼相待。也就是说，武帝并不把少翁当作臣子，而是当成客人。主客之间既谈不上隶属关系，也谈不上人身归属权，"率土之滨，莫非王臣"的规矩，到了少翁这里可以破例。

在少翁的建议下，武帝在甘泉宫修筑高台，画出天神、地神、太一神的画像，举办祭祀典礼，迎请诸神下凡。《史记》记载了少翁的方术理论，说起来很简单，只不过是利用同类相感的原理——画出神仙和神界的样子，就能和神仙、神界沟通。还有配套措施，就是把一些特定的日期设为禁忌日，在禁忌日里驾车避开恶鬼。(《史记·孝武本纪》)

巫术思维十分符合人类天然的认知模式，即便在科学昌明、崇尚理性的今天，同类相感和禁忌设置依然在全世界大行其道，影响着很多人的日常生活。

早在少翁之前，武帝就已接触过神仙方术，只不过在血气方刚的年纪，就算相信、向往，也不容易痴迷。如今人到中年，再遇到少翁，他便不禁痴迷了起来。

不过，江湖骗子要想骗倒皇帝，有一个天然劣势，那就是"普天之下，莫非王土"，一旦败露，便逃不脱。如果只是骗一骗富人，哪怕是骗到诸侯王这个级别，等金银珠宝到手，大可找个借口一走了之，从此山高水长，天各一方。但既然骗到了皇帝这里，得手时有多开心，过程中就有多揪心。

少翁败露

原文：

居岁余，其方益衰，神不至。乃为帛书以饭牛，佯不知，言曰："此牛腹中有奇。"杀视，得书，书言甚怪，天子识其手书，问其人，果是伪书；于是诛文成将军而隐之。

少翁搞出这么多名堂，眼见一年多过去了，请神神不来，该怎么收场呢？

方术的本质就是说谎，说谎的经典模式就是用新谎去圆旧谎，然后谎言越来越多，补丁越打越多。少翁也没能脱离这个窠臼，既然神请不来，自己的能力受到质疑，那就再编一个谎，再设一个套。于是，少翁制作了一幅帛书，也就是在丝织品上写一些神秘文字，然后把帛书混到牛饲料里，让牛吃掉。安排妥当之后，少翁指着吃了帛书的牛，说牛肚子里有奇异事物，然后杀牛剖腹，取出帛书。帛书的内容特别古怪，武帝越看越起疑。有人认出帛书上的字迹就是少翁所写。武帝调查之下，证实确是少翁伪造，于是杀了他，但秘而不宣。

武帝知道一年多来自己完全被少翁骗了，不杀他不足以泄愤，但毕竟事情太丢脸，所以绝对不可声张。不过，纸里终归包不住火，少翁的死因最终还是泄露了出去。而武帝一时激愤，杀了少翁，却很快后悔了，认为他并非从头到尾都是欺骗，他的神仙方术还是有效的，只是需要更多的时间验证罢了。

江山代有才人出，后来又有新一代的江湖骗子到武帝面前招摇撞骗，拿少翁之死说事。武帝立即找借口，说少翁不是被他所杀，而是吃了马肝中毒而死，跟自己没关系。(《史记·孝武本纪》)

汉朝人相信马肝有剧毒，所以武帝拿它当托词。信仰的世界就是如此，不管被现实打脸多少次，清醒过来的人从来不是全部。

《资治通鉴》第十九卷的大事件到此全部结束。

汉纪十二

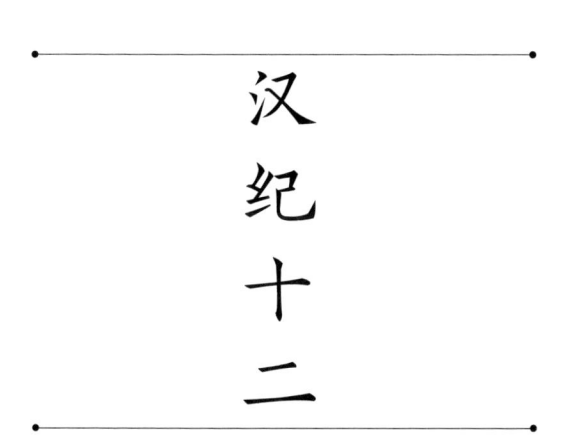

公元前118年至公元前110年

世宗孝武皇帝中之下

汉武帝元狩五年

137
为什么汉代会兴起太一神信仰

这一讲进入《资治通鉴》第二十卷，"汉纪十二·世宗孝武皇帝中之下"，一共九年的历史进程。首先书接上卷，从元狩五年（前118年）开始。

原文：

（元狩五年）

春，三月，甲午，丞相李蔡坐盗孝景园堧地，葬其中，当下吏，自杀。

春三月，丞相李蔡遭受指控，说他侵占景帝陵园外围的空地。这项罪名我们已经不陌生了。当年申屠嘉想拿这项罪名惩治晁错，被景帝制止了，景帝本人却拿同样的罪名治死了亲生儿子刘荣。[1] 看来，这项罪名的轻重可以随意拿捏，而李蔡这次不幸被判了重罪。

李蔡虽然在丞相岗位上无所作为，但总算在最后关头保全了大臣的体统，不肯对簿公堂，直接自杀了事。

从李蔡开始，丞相岗位就变成了一个高风险地带，凡是坐到这个位子上的，要么被杀，要么自杀，总之是和善终绝缘了。只有"万石君"家族里的石庆，因为谨小慎微到了近乎变态的程度，才给自己赢得了一场正常死亡。回想汉惠帝的年代，丞相曹参还能在皇帝面前摆摆架子，留下一段"萧规曹随"[2] 的佳话，简直恍如隔世。

铸五铢钱

原文：

罢三铢钱，更铸五铢钱。于是民多盗铸钱，楚地尤甚。

---

[1] 详见前文第020讲。

[2] 详见《资治通鉴熊逸版》（第三辑）第178讲。

同一年里，发生了一桩可以写进经济史的大事：废除三铢钱，另铸五铢钱。好端端的，为什么要废除三铢钱，另铸五铢钱呢？《汉书》讲出了原委：有关部门奏报说，三铢钱的钱币太轻，民间容易私自铸造，不如官方铸造五铢钱好了。(《汉书·食货志下》)

武帝时代，铜钱的铸造标准频繁变化，有时是三铢钱，有时是四铢钱。同时，对盗铸钱币的禁令也很严厉，是死罪。但不管标准怎么变，禁令怎么严，民间盗铸现象就是止不住。那么问题来了：难道把钱币的重量增加一铢两铢，就能制止盗铸吗？

当然不可能。但《资治通鉴》没有提到的是：五铢钱的铸造有一个配套规范，就是在钱币的边缘做出凸起的轮廓。(《汉书·食货志下》)这就很像是今天人民币分币的样子了。我们看今天一分、二分、五分的硬币，不但钱币的边缘有凸起的轮廓，轮廓的截面还有非常细腻的齿轮状纹路。这种设计的初衷就是防止有不法分子磨掉钱币边缘的金属——只要磨掉的金属很少，钱币看上去就还是原样，而那些被磨掉的金属碎屑积少成多，就可以用来偷偷铸造新的钱币。今天当然不会有人在分币上动这种脑筋，但汉朝人在铜钱上却常常这样做，这才催生出铸造精良、带有明显轮廓的五铢钱。

这个时期，中央政府还没有垄断铸币权，对于五铢钱也只是颁布了一个铸造标准，各个郡国都按这个标准铸造就是，所以钱币还谈不上整齐划一。至于五铢钱的推行效果，很遗憾，完全没有达到预期。民间盗铸很多，楚地的盗铸现象尤其猖獗。那么问题来了：怎么办？

淮阳高卧

原文：

上以为淮阳，楚地之郊，乃召拜汲黯为淮阳太守。黯伏谢不受印，诏数强予，然后奉诏。黯为上泣曰："臣自以为填沟壑，不复见陛下，不意陛下复收用之。臣常有狗马病，力不能任郡事。臣愿为中郎，出入禁闼，补过拾遗，臣之愿也。"上曰："君薄淮阳邪？吾今召君矣。顾淮阳吏民不相得，吾徒得君之重，卧而治之。"

对于猖獗的盗铸现象，我们结合上一讲的内容，马上就能想到办法：委任酷吏，严刑峻法杀杀杀就是了，难道还有别的选择吗？

竟然真有。武帝非但没有委任酷吏，反而起用了一位以黄老风格著称的老干部——我们已经很熟悉的汲黯——去做淮阳太守。

黄老之学主张清净无为,所以武帝的这个安排特别出人意料,就连汲黯本人也想不通,反复推辞。但武帝就是这么固执,非汲黯不可。终于,汲黯在武帝面前哭着说,自己已经年老多病,只希望留在皇帝身边当个顾问。武帝明白他的意思——汲黯先前虽然被免职,但凭他的资历,若被派去做淮阳太守,会显得像是老干部下放,属实在面子上挂不住。

武帝很贴心:太守的级别是二千石,但汲黯这位太守不按这个级别,而是以更高的诸侯国相级别对待,享真二千石。待遇上的差异事小,面子上的差异事大。汲黯不是身体不好吗?武帝特别叮嘱:"卧而治之。"意思是,自己只需要借重汲黯的名望,等到了淮阳郡后,汲黯大可以躺在家里,好吃好喝,不问政事。这个角色很像菩萨,泥塑木雕往当地一摆,天然就会有震慑力。

汲黯果然在淮阳郡"卧而治之"。虽然说完全不问政务、整天躺着是夸张了,但他的作风确实体现了文景时代的黄老之道。汲黯在任十年,最终死于任所。《资治通鉴》没有交代的是,淮阳郡竟然真的政通人和了。(《史记·汲郑列传》)

一个很严峻的问题就这样摆在我们面前:这不是

以事实证明了不用酷吏也可以达到效果吗？那为什么武帝一朝尽是酷吏？又为什么"奋击之士——设险兴利之臣——憯急之臣"的逻辑链条如此严丝合缝、缺一不可呢？

答案不得而知，越想越感觉可疑。但古人并不深究这些问题的答案，只是流传着"淮阳高卧"的典故，将汲黯的无为风格奉为典范。

原文：

黯既辞行，过大行李息曰："黯弃逐居郡，不得与朝廷议矣。御史大夫汤，智足以拒谏，诈足以饰非，务巧佞之语，辩数之辞，非肯正为天下言，专阿主意。主意所不欲，因而毁之；主意所欲，因而誉之。好兴事，舞文法，内怀诈以御主心，外挟贼吏以为威重。公列九卿，不早言之，公与之俱受其戮矣。"息畏汤，终不敢言；及汤败，上抵息罪。

话说汲黯在应允了武帝后，给同僚李息留下了几句很重要的叮嘱：御史大夫张汤是个大坏蛋，狐假虎威，舞文弄法。自己离开朝廷后，没法再规劝皇帝，希望李息能充当自己的代言人，早一点劝皇帝看清张汤这个奸臣的真面目。否则，等张汤被论罪的那天，李息一定会为其殉葬。

虽然汲黯这一番叮咛颇为恳切,但李息还是不敢招惹张汤。后来,张汤事败,武帝果然把李息一并治罪了。

庄青翟为相

原文:

诏徙奸猾吏民于边。

同年春天,武帝下诏,将天下品行不端的官员和百姓迁徙到边疆地区。管东贵先生有一个很合理的推测:边疆地区只是一个泛称,最需要人口的西北边疆一带应该才是主要的移民区。后来,移民屯田的区域逐渐扩大,越过黄河,向河西一带拓展。(管东贵《汉代屯田的组织与功能》)

原文:

夏,四月,乙卯,以太子少傅武强侯庄青翟为丞相。

夏四月,庄青翟被任命为丞相,接替李蔡。这一安排有点出人意料,因为按照惯例,丞相岗位空缺时,御史大夫通常会顺势升任。当时的御史大夫张汤实际上已经行使着丞相职权,是武帝宠信的红人,而李蔡只不过是个摆设。但奇怪的是,武帝没有让张汤补上李蔡的缺,反而起用了时任太子太傅的庄青翟。往坏处去想的话,这或许表明武帝开始把丞相职位当作替罪羊——丞相并不需要有多大作为,只需要在必要时刻为朝廷背锅。无论如何,张汤依旧主持朝政,庄青翟不过和李蔡一样,尸位素餐而已。

招神君

原文:

天子病鼎湖甚,巫医无所不致,不愈。游水发根言上郡有巫,病而鬼神下之。上召置,祠之甘泉,及病,使人问神君,神君言曰:"天子无忧病。病少愈,强与我会甘泉。"于是病愈,遂起幸甘泉,病良已,置酒寿宫。

同一年,武帝在鼎湖宫里重病缠身。巫师和医生们各显神通,但都无济于事。有人推荐了一位巫师,据说他平日里没什么特别的本事,但只要一有人生病,他就能召唤神君下凡。

这段内容,史料原文不清不楚的,很难准确解读,不过大体上来说,这就是一个有特殊本领的人。他本人并不会看病，要等到神君以他为中介降临凡间，才能用神通帮助武帝恢复健康。这位巫师被安置在甘泉宫里。终于，神君降临了，对武帝派来的使者说："天子不要为病情忧虑，等病好些了，强打精神来甘泉宫与我相会就是。"

今天我们知道，绝大多数疾病都是自愈的，以古代的医疗手段，治疗反而可能加重病情。武帝依照神君的话去做，果然病愈了。实践是检验真理的唯一标准，既然亲身体验到了神君的本领，武帝便立即提升了神君的待遇，从此对他笃信不疑。那么问题来了：神君提出要与武帝在甘泉宫相会，就不担心见面时会露馅吗？

太一信仰

原文：

神君非可得见，闻其言，言与人音等，时去时来，来则风肃然，居室帷中。神君所言，上使人受，书其言，命之曰"画法"。其所语，世俗之所知也，无绝殊者，而天子心独喜；其事秘，世莫知也。

这个担心显然是存在的。在与神君"相会"时，武帝只听得见他说话，却看不见他在哪儿。神君时去时来，来的时候有风掠过，然后就在帷幕之中说点什么。武帝派人把神君讲的话郑重其事地记录下来，还给这些内容取了个神秘的名字，"画法"。神君所说其实并没有什么高深之处，但武帝就是越听越爱，偷着乐。这些事情被高度保密，世人并不知道。

根据《史记》记载，神君不止一位，其中最尊贵的是太一神，他手下还有几名助手。（《史记·封禅书》）前文讲过，武帝元光二年（前133年），谬忌上书建议祭祀太一神。他指出，太一神在天神中是最尊贵的，青帝、白帝等五色天帝都只是其助手。武帝采纳了谬忌的建议，并在长安东南郊建立祭坛来祭祀太一神。[1]

太一神的"太"，在史料中有时候也写作"泰"。顾颉刚总结道，自从谬忌建议武帝祭祀太一神以来，十几年过去，太一祭祀逐渐走向成熟。原本西汉沿袭秦制，祭祀青、白、黄、赤诸帝，但现在改为祭祀太一，五帝则降为第二级的上帝。从那以后，凡有重大事件，都要祭祀太一。武帝虽然相信鬼神，早已开始祭祀太一，但以前只是听从他人之言，并无特殊感情。如今

---

[1] 详见前文第078讲。

因为病愈，又亲耳聆听了太一神言，武帝对太一的信仰被彻底激发了。甘泉宫的太一祠之所以终西汉之世而长存，太一神之所以在诸神当中独尊，缘由皆在于此。(顾颉刚《太一的勃兴及其与后土的并立》)

原文：

时上卒起，幸甘泉，过右内史界中，道多不治，上怒曰："义纵以我为不复行此道乎！"衔之。

武帝为了与神君相会，从鼎湖宫前往甘泉宫，途经右内史管辖的地区，发现路况很糟糕，显然没有好好维护。当时担任右内史的正是酷吏义纵。我们可以稍作推测，义纵应该是把精力都放在了实施严刑峻法上，顾不上这些修修补补的事务，并不算玩忽职守。然而，武帝因生病变得敏感，认为义纵不维护道路，就是认定他这场病好不了，以后不会再经过这里了。这样的念头一起，义纵的下场也就可想而知了。

本年度的大事件到此结束。

汉武帝元狩六年

138
霍光是怎么进入武帝视野的

原文:

(六年)

冬,十月,雨水,无冰。

这一讲我们进入新的一年,武帝元狩六年(前117年)。年初,降雨但不结冰。这样的反常天气,为接下来同样反常的政治局势埋下了伏笔。

义纵弃市

原文：

上既下缗钱令而尊卜式，百姓终莫分财佐县官，于是杨可告缗钱纵矣。义纵以为此乱民，部吏捕其为可使者。天子以纵为废格沮事，弃纵市。

先前武帝为了挽救政府财政，一方面大力表彰卜式，希望全国人民以他为榜样，另一方面颁布缗钱令，要求富人自觉申报财产，为朝廷做贡献。

然而，没人愿意割自己的肉给朝廷，卜式那样高风亮节的富人更是寥寥无几。今天我们知道一个简单的道理：榜样的力量无穷大。但古人可没有现代人的传媒工具，官方若想在短时间内从普通人中间打造出一个榜样来，难度其实很大。我们只要想一下，孔子成为榜样之前经过了多少代人持之以恒的努力，就可以理解这件事了。所以，当卜式的光辉事迹被广而告之时，不知道有多少人在咬牙切齿。

但从武帝的角度看，卜式作为榜样却无人效法，这令他非常反感。既然百姓不识抬举，那就别怪皇帝采取特殊手段了。于是，武帝派杨可督办告缗令，在全国范围内掀起了一场浩劫。

据《史记》记载，杨可从民间掠夺来的财富数以亿计、奴婢以千万数。而那些被掠夺的田产，大县达数百顷，小县达百余顷，房产被掠夺的情况也与此类似。中等以上的商贾人家全都破产，无一幸免，老百姓也不再省吃俭用、积蓄财产了，社会上弥漫着一股及时行乐的风气。（《史记·平准书》）在《盐铁论》里，提起杨可督办告缗令，虽然这件事已经过去了三十年，并且也没有持续几年，可民间贤达依旧耿耿于怀。

抄家这种事情动静不小，办事员的态度当然也好不了。奇怪的是，义纵竟然派人把杨可的办事员当坏人抓了。详细经过已不可考，按道理说，义纵不满告缗令，向皇帝打报告、提建议就是了，不应该直接抓人。但从情理上推测，也许是抄家引发了相当激烈的对抗，甚至有死伤，身为右内史的义纵便把事情当成治安案件处理了。武帝对义纵本就多心，这一次自然严办——义纵落得个弃市的结果，在闹市被当众处决。

李敢之死

原文：

郎中令李敢，怨大将军之恨其父，乃击伤大将军，大将军匿讳之。居无何，敢从上雍，至甘泉宫猎，票骑将军

去病射杀敢。去病时方贵幸,上为讳,云鹿触杀之。

这一年,死讯接二连三传来,下一个死的是李广之子李敢。

当初李广自杀,在李敢的理解里,卫青是罪魁祸首。史料的记载相当简略,说李敢打伤了卫青,但卫青有气度,没声张。后来李敢陪同武帝到甘泉宫打猎,霍去病替卫青出头,射杀了李敢。这正是霍去病最受宠的时候,所以武帝隐瞒了真相,对外宣称李敢是被鹿撞死的。

卫青和霍去病的身份自不用说,李敢此时也不再是普通军官了——官拜郎中令,爵封关内侯——但他做事为什么完全没有大人物的风范呢?

这又要说到汉朝的风气了。亲手报父母之仇天经地义,对于李敢而言,卫青逼死了自己的父亲,与他同殿为臣是莫大的耻辱。所以,李敢对卫青下手这件事在当时并不算出格。那霍去病射杀李敢呢?这在当时的价值观里算不算出格呢?

应该也不算。想想看,李广当年是怎样公报私仇斩杀霸陵亭尉的。[1]

---

[1] 详见前文第096讲。

李广一共有三个儿子，老大李当户和老二李椒都死在李广之前，老三李敢一死，以后就要看李广孙辈的表现了。李当户留下了一个遗腹子，名叫李陵，后面会有重要的戏份。

外儒内法

原文：

夏，四月，乙巳，庙立皇子闳为齐王，旦为燕王，胥为广陵王，初作诰策。

同年夏天，武帝在祖庙举行典礼，封皇子刘闳为齐王、刘旦为燕王、刘胥为广陵王。诰命文书模仿《尚书》的行文，各种佶屈聱牙，被称为"诰策"。

这三名皇子的册封经过在《史记·三王世家》中有详细记载，其详细程度令人怀疑不是司马迁所写。更有意思的是，册封三王竟是霍去病倡议的，真是很难把他的形象和这种马屁勾当关联在一起。褚少孙搜罗到三篇"诰策"的内容，把它们补写进了《史记》。借此，我们可以领略到武帝一朝在仿古这件事情上努力到了何种程度。

后人常说武帝"外儒内法"，现在我们可以真切地看到：武帝搞乐府，其歌词模仿的是《诗经》；册封皇子，其诰命文书模仿的是《尚书》。他很会拿儒学经典来装点门面，正如顾颉刚先生总结的："武帝时，完全模仿古昔之时代，政治制度有然，文辞亦有然。"（顾颉刚《〈尧典〉著作时代考》）这就是"外儒"的一面。至于"内法"的一面，从酷吏当道、抄家灭族的事情上就可见一斑，而武帝本人并不觉得这有任何违和感。

原文：

自造白金、五铢钱后，吏民之坐盗铸金钱死者数十万人，其不发觉者不可胜计，天下大抵无虑皆铸金钱矣。犯者众，吏不能尽诛。

六月，诏遣博士褚大、徐偃等六人分循郡国，举兼并之徒及守、相、为吏有罪者。

接下来就该盘点一下经济政策的得失了：自从发行白金币和五铢钱以来，由于盗铸而被捕处死的官吏和平民多达几十万人，逍遥法外的更是数不胜数。总之，盗铸钱币的行为在全天下泛滥，几乎人人都在违法，既抓不过来，也杀不过来。也就是说，如果真要做到违法必究、除恶务尽，那就剩不下多少活人了。

事实上，如果仅以"杀人"和"抢劫"作为衡量得失的指标，那么汉政府对百姓造成的伤害甚至比匈奴还要严重。

从武帝的角度来看，天下扰攘是地方政府和豪强的错，而不是他自己的问题。于是，当年六月，武帝派遣博士官褚大、徐偃等六人巡察各郡国，调查到底是哪些官员和豪强在"为非作歹"。今天我们当然知道，管理者很容易陷入这种思维误区——就算真的取得了一些成效，也不过是扬汤止沸罢了。

霍去病认亲

原文：

秋，九月，冠军景桓侯霍去病薨。天子甚悼之，为冢，像祁连山。

秋九月，又有人去世了，这回是霍去病英年早逝。武帝对此感到非常悲痛，特别为他规划了盛大的丧葬仪式，还仿照祁连山的样子修建了他的坟墓。

霍去病的离世使武帝对霍去病的弟弟霍光格外关照，而霍光也许是基因好的缘故吧，特别当得起武帝的垂青，以至于之后的武帝时代基本就是霍光发光发热的舞台了。那么，霍去病到底是什么时候有了霍光这样一个弟弟呢？

原文：

初，霍仲孺吏毕归家，娶妇，生子光。去病既壮大，乃自知父为霍仲孺。会为票骑将军，击匈奴，道出河东，遣吏迎仲孺而见之，大为买田宅奴婢而去。

前文讲过，霍去病的母亲卫少儿原本只是平阳侯家里的家生奴。平阳县吏霍仲孺曾在平阳侯家办事，其间与卫少儿生了一个儿子，这就是霍去病。[1] 随着卫子夫的意外上位，卫家人鸡犬升天——卫少儿带着霍去病嫁给了贵公子陈掌，使儿子从小锦衣玉食。而霍去病的亲生父亲霍仲孺在平阳侯家当完了差，就回家去娶妻生子了，生的这个孩子就是霍光。作为县城里的一名基层办事员，霍仲孺在娶妻生子后开始营造自己"好男人"的人设，和卫少儿母子断绝了往来。霍去病长大成人之后，虽然知道了自己的身世，但对于那个远在平阳县过着小吏生活的亲生父亲，并没有去主动联系。[2]

---

[1] 详见前文第117讲。

[2] 详见前文第118讲。

等到霍去病北征匈奴，风光无两，班师路过河东郡的时候，郡太守不但跑到郊外迎接，还亲自背着弓弩和箭矢为霍去病开道，给予了极高的礼遇。霍去病一路风风光光，经过平阳侯的地界时，决定顺道认亲。霍仲孺就这样被请来，恭恭敬敬地"趋入拜谒"。意思是，霍仲孺没敢以亲爹的姿态和儿子相认，只敢以卑贱的身份拜见霍将军。霍去病赶紧跪拜，一家人就这样相认了。之后，霍去病给霍仲孺置办了大量田宅和奴婢，也算尽孝了吧。

原文：

及还，因将光西至长安，任以为郎，稍迁至奉车都尉、光禄大夫。

更重要的是，霍去病认了霍光这个同父异母的弟弟，还把霍光带到长安，让他做郎官。霍去病死后，霍光一直谨小慎微地侍奉武帝，二十多年间从未犯过错误。这样的人如果还不能成为武帝的亲信，那真是没天理了。(《汉书·霍光金日磾传》)

霍去病父子、兄弟的相认，特别有汉朝人的风格——把天然的情感放在第一位，没有那么多的条条框框。而且我们不得不承认，霍仲孺虽然只是一个基层公务员,但他的基因实在太强大了——和两个女人生出来的两个儿子都是一时俊彦,牢牢把持着汉帝国的命脉。

同一年间,还有一位大人物去世,为中国传统文化留下了一个至关重要且匪夷所思的典故,我们放到下文再讲。

汉武帝元狩六年至元鼎元年

139
腹诽的罪名是怎么来的

大农令

原文:

是岁，大农令颜异诛。

这一讲我们继续留在武帝元狩六年（前117年），来看本年度最后一桩大事：大农令颜异被处决。

这是颜异在历史上的第一次亮相，也是最后一次亮相。他被处决时的职位是大农令，这不是普通官职，而是九卿之一。大农令，顾名思义，就是管农业的高级官员。它的前身治粟内史更容易理解，就是负责管理粮食的。古代中国以农业立国，又有重农抑商的意识形态，因此，管理农业和粮食就相当于管理国家财政。如果要在现代岗位里找一个能与大农令相对应的，大概就是财政部长了吧。

其实，早在秦朝就已设置了治粟内史来掌管国家财政。和它对应的是少府，掌管皇室财政。如果我们把帝国理解为皇帝创办的一家独资企业，那么治粟内史相当于企业的财务总监，少府相当于皇帝家庭的财务总管。虽然企业和家庭的收入本质上都是皇帝自己的，但通常情况下，账目会分开计算。

汉承秦制，同样设置有治粟内史和少府，两者也同在九卿之列。只是到了景帝时代，治粟内史被改名为大农令了。后来武帝效法古制，又将大农令改为大司农，这是后话。现在我们需要关注的是，这些年里各种经济政策令人眼花缭乱，颜异作为主管国家财政的最高长官，应该"站在舞台中心"才对，实际为何"查无此人"呢？

没错，颜异虽贵为大农令，但毫无存在感可言。这个时期翻天覆地的经济政策改革真正的幕后操盘手，其实是张汤。张汤名义上官拜御史大夫，实际却鸠占鹊巢，行使着丞相的权力。在他之下，最活跃的三大经济专家分别是东郭咸阳、孔仅和桑弘羊，完全没有颜异的影子。

身为大农令的颜异为何会置身事外呢？我们继续看下面的内容就会知道，他是个保守派，看不惯那些花样百出的敛财手段。

本末不相称

原文：

初，异以廉直，稍迁至九卿。上与张汤既造白鹿皮币，问异，异曰："今王侯朝贺以苍璧，直数千，而以皮荐反四十万，本末不相称。"

颜异出身于基层，因廉洁正直一路从亭长升迁至大农令。（《史记·平准书》）作为多年来坚持廉洁作风，并因此受益的官员，颜异在武帝和张汤想推行皮币、向其征求意见时直言不讳地说：诸侯王朝见天子，献礼用的玉璧价值不过几千钱。要是拿价值四十万钱的皮币衬垫它，岂不是"本末不相称"？

在朝贺典礼上，玉璧是本，衬垫是末。如果衬垫比玉璧价值更高，甚至高出了两个数量级，那到底谁是本，谁是末呢？本末颠倒到了这种程度，简直荒唐至极。颜异的言下之意是：你们俩一个是当今天子，一个是朝廷重臣，为了敛财，竟想得出这么鸡贼的伎俩，简直毫无廉耻。

原文：

天子不说。张汤又与异有郤，及人有告异以他事，下张汤治异。异与客语初令下有不便者，异不应，微反唇。汤奏当："异九卿，见令不便，不入言而腹诽，论死。"

武帝想听的当然不是这样的意见，而张汤早就和颜异不对付，这次受了颜异的气，又察觉到武帝的负面情绪，便决定要除掉颜异。颜异的人生从此进入了倒计时。

很快，张汤发现机会来了：有人以其他事由状告颜异，案子交给他审理，这一审马上就审出了严重问题：颜异曾与客人聊天，客人提到现行政策有不妥之处，颜异没有回应，只是稍微动了动嘴唇。这个细节让张汤如获至宝，他立刻上报武帝："颜异位列九卿，发现政策有不妥之处，不坦诚地汇报给陛下，却加以腹诽，论罪当死。"

腹诽

原文：

自是之后，有腹诽之法比，而公卿大夫多谄谀取容矣。

就这样，颜异被以"腹诽"的罪名正式处决。从那以后，朝廷便有了腹诽罪的判例，再有谁胆敢腹诽，就可以套用这个判例治以死罪。朝廷高官们迅速调整了生存策略——明哲保身才是人间正道。汉语中也从此有了"腹诽"这个说法，沿用至今。

但问题来了：腹诽，字面意思是嘴上没表态，只是在心里嘀咕，这也能被治罪吗？武帝和张汤为了杀颜异，编造这样一个罪名，这不是公然不要脸吗？还不如派个刺客把他暗杀了呢。更何况前文讲过，张汤进行法律判决时常以儒家理论粉饰，也就是说，就算他要判颜异腹诽罪，表面上也得说得过去，而不是摆出一副恶棍嘴脸，蛮不讲理。

当然，张汤完全可以从儒家经典中找到判决颜异的依据。《尚书》有一篇《益稷》，在古文《尚书》系统里独立成篇，在今文《尚书》系统里和《皋陶谟》合并成了一篇——儒学的今古文之争是思想史上的一桩大事，后文再讲。现在，我们只要聚焦在《尚书·益稷》的一句话上："予违汝弼，汝无面从，退有后言。"这是舜圣人对禹圣人说的，意思是，如果我有错，你可要帮我啊，可不能当面顺从，背后议论纷纷。

颜异作为朝廷重臣，对政策有意见，就该当着武帝的面说清楚，孰是孰非当面定夺。虽然他提了反对意见，但他却没有据理力争，那么等朝廷做出决策后，即使心里有再大的意见，他也不该说三道四——毕竟前面已经给他机会这么做了。同样，当其他人议论朝政时，他也应该捍卫朝廷的立场，无论如何都不能释放不满情绪，把朝廷内部的分歧暴露给外人。

今天我们天然会站在普通百姓的立场上，体谅颜异的无奈，厌恶张汤的无理。但如果站在武帝的角度，作为最高决策者，他肯定会痛恨各级员工支支吾吾，不肯明确表态。先前在田蚡和窦婴发生争端时，郑当时不敢坚持己见，就已经让武帝大为光火。比这更让武帝愤恨的是：当面不表态，事后却把自己的不满情绪释放给外界。

在皇帝看来，决策层内部即使存在巨大的分歧，对外也必须展示出"心往一处想，力往一处使"的样子。向外界表露不满情绪，与"说三道四"无异，都会严重破坏凝聚力。从这个角度看，颜异确实有他的取死之道。

颜异这一死，张汤可以立威，武帝却失去了获取真实信息的渠道。

原文：

（元鼎元年）

夏，五月，赦天下。

济东王彭离骄悍，昏暮，与其奴、亡命少年数十人行剽杀人，取财物以为好。所杀发觉者百余人，坐废，徙上庸。

元狩六年的下一年是元鼎元年（前116年），这标志着一个新的六年组的开始。元鼎年号的得名，是因为在汾水发现了宝鼎。而《通鉴考异》认为，元鼎年号只是后来的追记。（《通鉴考异·卷一·汉纪上》）

当年夏五月，赦天下，这只是例行公事的记载，并不重要。本年度的大事件只有一桩，那就是济东王刘彭离被废为庶人，济东国收归朝廷。

刘彭离是梁孝王刘武的第三个儿子。当年刘武作为汉景帝唯一的同母兄弟、窦太后最疼爱的幺儿，和亲哥哥一辈子爱恨纠缠，最终死在了哥哥之前。景帝一方面为了安抚母亲的心，另一方面也为了瓦解强大的梁国，将梁国一分为五，让刘武的五个儿子雨露均沾。

老三刘彭离受封为济东王，他的封地大约位于今天山东省济宁市西北、泰安市西部一带。刘彭离在位二十九年，其间不仅骄纵不法、为所欲为，还有一个极其特殊的爱好——当黑帮老大。他常常趁着夜色，伙同数十个奴隶和亡命少年出去杀人越货。作为一介诸侯王，长久沉迷于如此变态的嗜好，自然是纸包不住火。济东国被发现的受害者有数百人之多，未被发现的更是不计其数。百姓人人自危，到了晚上都不敢出门的程度。

前文讲过，李广以平民身份出了长安城，回来的时候受到霸陵亭尉呵斥，不许他进城。这从侧面说明了当时长安城存在宵禁制度，不仅城内宵禁，就连郊区也一样实行。[1]但济东国里似乎没有宵禁这回事儿，人们是因为惧怕刘彭离而主动选择禁足的。

既然受害人这么多，自然会有受害人的亲属上京城告御状。大臣们听罢都说刘彭离该杀，但武帝于心不忍，只是把这个堂兄弟废为庶人，让他搬家了事。济东国收归朝廷，成为直辖郡县。

前文讲过，刘彭离的二哥济川王刘明因为杀人，

---

[1] 详见前文096讲。

有过类似的遭遇。[1]他们俩也算是难兄难弟了。在刘明和刘彭离之前，老四山阳王刘定和老五济阴王刘不识都已早逝，没有留下继承人，他们的封国分别变成了山阳郡和济阴郡。梁孝王刘武的五个儿子，如今只剩下老大梁王刘买这一支还在苟延残喘。

元鼎元年的大事件到此结束。

1 详见前文065讲。

汉武帝元鼎二年

140
酷吏张汤是怎么获罪的

原文:

(二年)

冬,十一月,张汤有罪自杀。

这一讲我们进入武帝元鼎二年(前115年)。年初就传出爆炸性新闻:张汤因罪自杀。狂人李贽读史读到这一段时,留下了简短有力的批注:"好报应!"([明]李贽《史纲评要·卷七》)这短短三字,相信已经在武帝一朝无数人心中重复过无数次了吧。

张汤摩足

原文：

初，御史中丞李文与汤有郤。

张汤到底是怎么死的，《史记》有详细记载，《资治通鉴》略加删减，呈现了一场狗咬狗的官场大戏。事情的起因，是一个叫李文的人不知为何和张汤结了仇。后来，李文升任御史中丞，局面因此变得十分尴尬。

这里需要做一点解释：张汤当时担任御史大夫，实际上行使着丞相职权，真正担任丞相职务的庄青翟形同傀儡。而御史中丞是御史大夫的副职，相当于李文成了张汤的助手。按说官大一级压死人，县官不如现管，张汤完全有能力把李文捏扁揉圆，但御史中丞有一项很特殊的岗位职责，就是处理所有直达君主的奏章。所以，李文刚好可以利用自己的职务之便，在各种文件档案里寻章摘句，专挑张汤的短处。(《史记·酷吏列传》)

那么，张汤该如何反制李文呢？

原文：

汤所厚吏鲁谒居阴使人上变告文奸事，事下汤治，论杀之。

答案是：并不需要他本人反制。坐到张汤这个位置上的人，一方面以揣摩上意为能事，力求当好皇帝肚子里的蛔虫，另一方面，他身边很多人同样在揣摩他的好恶，总会忙不迭地把事情办在前边。张汤的得力手下鲁谒居看出了李文对张汤的恨意，于是主动找人写匿名信，揭发检举李文有不法勾当。这一切根本不需要张汤发话。

至于李文是否真的做过什么不法勾当，这不重要。关键在于，案子会落到张汤手里，在他的操控下，李文难逃一死。

原文：

汤心知谒居为之，上问："变事踪迹安起？"汤佯惊曰："此殆文故人怨之。"谒居病，汤亲为之摩足。

以张汤的精明，他当然知道事情是鲁谒居办的。然而，当武帝问起匿名信的来历时，张汤却装傻充愣，绝口不提鲁谒居的名字。后来鲁谒居卧病在床，张汤不但亲自探视，还亲手为鲁谒居按摩腿脚。

按摩腿脚，原文是"摩足"，从此成为文化语码。在司马光的时代里，吕惠卿被贬官安置的圣旨是苏轼拟的，其中提到吕惠卿"始与知己，共为欺君。喜则摩足以相欢，怒则反目以相噬"。（《苏轼文集编年笺注》）这则包含"摩足"的典故被用来刻画小人嘴脸：因为喜怒哀乐不受礼的节制，小人很容易表现得极端，爱就爱到不要脸，恨就恨到不要命，和牲畜没什么两样。

赵王检举

原文：

赵王素怨汤，上书告："汤大臣，乃与吏摩足，疑与为大奸。"

张汤为鲁谒居揉脚这件事竟然越过千山万水，传到了赵王刘彭祖的耳朵里。刘彭祖是武帝同父异母的哥哥，在诸侯王当中坏得出类拔萃，先前扳倒主父偃就是他开的头。

《资治通鉴》未曾交代的是，赵国是冶金业的重镇。对于赵国来说，武帝这些年推行盐铁专卖政策就像是中央财政从地方财政的嘴里抢肉吃，刘彭祖对此十分不满，而他的反制之道就是时不时地检举朝廷派来的冶铁专员。虽然张汤不是冶铁专员，但他作为中央财政改革的操盘手，同样是刘彭祖的眼中钉。所以，刘彭祖费尽心机搜罗张汤的黑料，随时准备扳倒张汤。而张汤的得力爪牙鲁谒居曾经办过刘彭祖的案子，被刘彭祖一并记恨上了。如今，刘彭祖听说了摩足事件，简直如获至宝，上书检举，怀疑张汤有奸谋。

而张汤到底有什么奸谋，刘彭祖既不知道，也只字未提。难道就因为张汤给部下揉了揉腿脚，就要治他的罪不成？回想吴起的事迹，作为主帅，他亲自为生了疮的士兵吮吸伤口的脓血，士兵痊愈后在战场奋勇拼搏，留下了"战不旋踵"的佳话。[1] 张汤锐意改革，开罪了那么多既得利益者，他想学习吴起以获得更广泛的支持，难道有什么不对吗？

我们有必要考虑到这个时期的儒学氛围。在这种氛围下，那些不近人情的行为往往会被认为隐藏着不可告人的秘密。先前公孙弘不赞同武帝褒奖卜式，就是基于这个逻辑。所以，刘彭祖不必指认张汤作奸犯科的具体行为，只要提及摩足事件，就足以引

---

[1] 详见《资治通鉴熊逸版》（第一辑）第050讲。

起武帝的重视。

原文：

事下廷尉。谒居病死，事连其弟。弟系导官，汤亦治他囚导官，见谒居弟，欲阴为之，而佯不省。谒居弟弗知，怨汤，使人上书，告汤与谒居谋共变告李文。

武帝果然重视此事，将张汤案发给廷尉调查。鲁谒居作为显而易见的第一号调查对象，却突然离世，案件因此牵连到他的弟弟。

鲁谒居的弟弟被关押在一个叫作"导官"的监狱里。此时，张汤正在审理另一桩案件，也需要出入导官狱，于是他见到了鲁谒居的弟弟。

武帝时代的监狱名目繁多，给人一种"大长安境内处处是监狱"的感觉。之所以会出现这种现象，是因为当时的诏狱太多了。所谓诏狱，就是皇帝下诏让某个部门审理某个案子。一个案子要劳烦皇帝亲自下诏，说明疑犯不是普通人。这类案子不在少数，牵连的人众多，这就导致常规监狱不够用，不得不在各地设立关押嫌犯的临时监狱，统称为"中都官狱"。在武帝开了这个先例之后，这些繁多复杂的监狱直到东汉才被废除。（宋杰《西汉的中都官狱》）

话说回来，张汤视察导官狱，虽然只是惊鸿一瞥，但他和鲁谒居的弟弟互相都看到了对方。张汤毕竟是老江湖，特别沉得住气，看见了也装作没看见，但心里已经有了盘算，准备暗中相救。可是，鲁谒居的弟弟沉不住气——好容易看见张汤这根救命稻草，不承想对方却毫无反应，径直离开了，他越想越气，索性供出了张汤和鲁谒居联手陷害李文的经过。

痛打落水狗

原文：

事下减宣，宣尝与汤有郤，及得此事，穷竟其事，未奏也。会人有盗发孝文园瘗钱，丞相青翟朝，与汤约俱谢，至前，汤独不谢。上使御史按丞相，汤欲致其文"丞相见知"，丞相患之。丞相长史朱买臣、王朝、边通，皆故九卿、二千石，仕宦绝在汤前。汤数行丞相事，知三长史素贵，故陵折，丞史遇之，三长史皆怨恨，欲死之。

案情有了新进展后，案件被移交给减宣负责。这位减宣也是名列《史记·酷吏列传》的著名人物，他的风格可以概括为两点：一是事必躬亲，二是穷追猛打。由他审理这个案件，张汤的结局不难想见。更何况，减宣与张汤有旧仇，如今得到这样一个机会，自然要痛打落水狗。

而在减宣做出判决之前，出现了一个新情况：三名丞相长史联合检举张汤以权谋私。这场检举在恰当的时间、恰当的地点，完成了一场外科手术般精准的落井下石。

这还要从一件看似微不足道的小事说起——有人偷走了文帝陵园里陪葬的钱币。于是，丞相庄青翟和张汤约好，一起到武帝面前谢罪。然而，等到了武帝面前，张汤灵光一现，想到巡视陵园是丞相的责任，与他这个御史大夫无关。于是，张汤就不肯谢罪了，只是眼看着庄青翟一个人这么做。结果，武帝指派张汤审理此案，看看庄青翟到底犯了什么罪，应该受到怎样的责罚。

你可能会问，既然巡视陵园不是御史大夫的职责，为什么张汤一开始没反应过来呢？答案很简单：张汤已经是大汉帝国实质上的丞相了，当庄青翟提到钱币被盗时，自然觉得自己难辞其咎。

其实这种事情可大可小。丞相虽然一年四季都要巡视陵园，但也不可能时时刻刻看管着。退一步说，就算出了纰漏，无论如何也不至于死罪。但张汤是何等人也，好容易抓住了这个机会，就要因利乘便，给庄青翟定一个"见知罪"。

前文讲过，张汤因为审理陈皇后案表现出色，升任太中大夫，与赵禹共同审定法律条文。这两个人为了严格约束在职官员，不仅力求法律条文滴水不漏，还专门制定了"见知法"。按照颜师古的注释，这项法律旨在鼓励对犯罪行为的检举揭发，如果有谁知情不报，就要按故意纵容处置。可想而知，"见知法"一出，同僚就没法好好相处了。[1]

庄青翟应该怎么都没想到，张汤对自己阳奉阴违也就算了，竟然还想动用"见知法"置自己于死地。张汤是怎么考虑的，我们不知道，只能推测他行使丞相权力太久，想给自己挣一个实至名归的丞相头衔吧。

但张汤没有意识到，正是因为有庄青翟这个傀儡为他遮风挡雨，他才能轻装上阵，杀伐果决，治死庄青翟对他没什么好处。况且，他当时正在被减宣调查，何苦节外生枝，招惹一个强敌呢？

看来张汤已经失去了冷静判断局势的能力，非要杀庄青翟不可。他这么做，也许是某种路径依赖——作为酷吏，下狠手下习惯了。但庄青翟好歹是一任丞相，有没有什么自保的手段呢？

---

[1] 详见前文第093讲。

141

张汤案是怎么办的

上一讲提到,张汤因为摩足事件被赵王刘彭祖检举,武帝派酷吏减宣负责审理此案。与此同时,张汤出于某种考虑,决定将丞相庄青翟定成死罪。

庄青翟很苦恼,以他的实力,确实没法跟张汤对抗。但庄青翟毕竟贵为丞相,就算他自己再窝囊,丞相府里也还有能人。其中就有三位,早就被张汤欺负惨了,一直想出这口恶气。如今张汤正在被减宣调查,要想扳倒他,再没有比这更好的时机了。

这三位能人职务相当,都是丞相长史,也就是丞相的属官,属于中级干部。然而,他们原本都是二千石级别的高官。

第一位是我们已经熟悉的"会稽愚妇轻买臣"的朱买臣。当年朱买臣因为同乡庄助的帮忙,有机会在武帝面前展露才华,一时风光无限。同一时间,张汤还只是个小吏,在朱买臣面前只有恭恭敬敬跪着的份。

后来张汤平步青云，做到廷尉，操办淮南大狱，牵连到庄助，在武帝的授意下把庄助杀了。[1]从那时起，朱买臣就已经对张汤怀恨在心。

后来张汤担任御史大夫，朱买臣则担任主爵都尉，二人都在九卿之列。虽然御史大夫是九卿之首，张汤在政坛上呼风唤雨，比朱买臣风光得多，但他们毕竟还是平级关系。然而几年后，朱买臣因犯法被降职，从九卿跌落至丞相长史，再与张汤见面时，就轮到朱买臣恭敬行礼了。张汤对朱买臣也确实毫不客气，有多大谱摆多大谱，就连他手下的人对朱买臣也很随便。不难想见，朱买臣若有机会置张汤于死地，绝对不会留情。

其实，如果武帝真的"独尊儒术"，将儒家精神用于行政管理，多一些论资排辈，就可以消除这些内耗，但相应的代价是团队会欠缺活力。相反，要是追求活力，拿政绩说话，这些内耗就会增多，同僚之间免不了钩心斗角、互相拆台。用今天的情况来类比，管理模式的一极是年功序列制，另一极是末位淘汰制。管理者该如何在两极之间找到那个最有效、最稳定的平衡点，真的很难说，各有各的不省心。

---

[1] 详见前文第120讲。

敲打张汤

原文：

乃与丞相谋，使吏捕案贾人田信等，曰："汤且欲奏请，信辄先知之，居物致富，与汤分之。"

另外两位丞相长史遭遇的情况和朱买臣很像，所以都对张汤恨之入骨。就这样，他们三人和庄青翟合谋，准备对张汤展开反杀行动。计议已定，他们抓捕了和张汤有往来的田信等人，从供词中得知，张汤每次准备提案时，田信都会事先知道消息，然后囤积居奇，利用新政策发大财，最后和张汤分成。

原文：

事辞颇闻，上问汤曰："吾所为，贾人辄先知之，益居其物，是类有以吾谋告之者。"汤不谢，又佯惊曰："固宜有。"

武帝大概还在半信半疑，于是问张汤："我每次出台一项政策，商人都事先知情，并做足准备等着发财，难不成有人一直在泄露朝廷里的事情？"这分明是在敲打张汤。但在张汤看来，武帝这次发问和往常提出的其他问题没什么区别，所以他并没有察觉到问题背后隐含的冷酷杀意。

酷吏法则

这里需要补充说明一下，《资治通鉴》中对张汤反应的描写是从《史记·酷吏列传》中直接抄录的。原文是："汤不谢，又佯惊曰：'固宜有。'"言外之意是，张汤既然被武帝揭穿了，就该赶紧认罪，请求宽大处理。而他偏偏怀有侥幸心理，企图蒙混过关，这才让武帝彻底失去了对他的好感。

但结合上下文来看，张汤对这件事情可能确实不知情，并没有把武帝的提问理解为对自己的敲打，那种惊讶的反应也不是装出来的。张汤确实有权力欲，享受那种颐指气使、盛气凌人的快感，但他并不贪财。更何况，权力场的顶层和黑社会的顶层有一个共同点，那就是钱财不重要，高官和大侠不必像小市民那样积累财富，反而应当大手大脚、四处散财。反正真的需要金钱时，他们也能随时获取，想要多少就有多少。

前文讲过，酷吏有一条核心生存法则——认准自己的老板，除了老板之外六亲不认。这条法则能为酷吏赢得老板的信任，而老板的这份信任反过来也能抵挡所有射向酷吏的明枪暗箭。在中央集权体制下，酷吏之所以层出不穷，是因为集权程度越高，做老板的人就越有能力乾纲独断。从汉高祖刘邦到汉景帝刘启，我们看到汉帝国在打造集权统治的事业上逐年添砖加瓦。等到武帝时代，集权结构彻底成形，酷吏数量才有了爆发式的增长。假如退回到武帝以前的时代，张汤、郅都、宁成、赵禹、义纵这些人，其实根本无法表露酷吏本色，因为那个时候皇权受到不少因素的制衡，皇帝的大腿是抱不牢的。

可以说，酷吏的涌现是集权成形的标志，只抱皇帝一个人的大腿，就足以应对这个动荡世界里的"风刀霜剑严相逼"。而相应的风险在于，只要皇帝对酷吏的信任出现极其细微的裂痕，数不清的仇家就会蜂拥而上，在最短的时间内把裂痕撕成伤口，把小伤口扩大成致命伤。张汤眼下面对的，正是这样一个死局。

张汤自杀

原文：

减宣亦奏谒居等事。天子以汤怀诈面欺，使赵禹切责汤，汤乃为书谢，因曰："陷臣者，三长史也。"遂自杀。

是的，接手张汤案的酷吏减宣已经做好了"凡能从严的，就绝不从宽"的准备。

案情出现这种走向，表面上是因为鲁谒居的弟弟官场经验不足、沉不住气，交出了足以给张汤定罪的供词。而实际上，对于减宣来说，欲加之罪何患无辞，即便没有鲁谒居弟弟这号人物，减宣也不难抓到张汤的痛脚。毕竟张汤是个能干事、会创新的人，做得多自然错得也多，至于错误如何定义，完全取决于那个定义的人。更何况，减宣做事以"微文深诋"著称，尤其擅长舞文弄法，抠细节，耍心机。当初查办主父偃和淮南王案时，减宣就是凭这一身本领杀人如麻的。（《史记·酷吏列传》）

所以，当减宣把鲁谒居弟弟的供词上呈给武帝时，武帝对张汤产生了巨大的恶感。在集权政治的架构里，具体的善行和恶行总是无足轻重的，而最高统治者的好感和恶感却足以决定一位大人物的生死沉浮。《资治通鉴》记载，武帝派赵禹责问张汤，张汤写下了认罪书，其中有这样一句话："陷臣者，三长史也。"他想表达自己是被朱买臣等三名长史设圈套陷害的。

认完罪、喊完冤，小职员出身的张汤选择自杀了事，貌似保留了公卿大臣最后的一点体面。而"三长史"从此成为一个文化语码，用以指代那些合伙设局陷害人的公职人员。

认罪与喊冤

至此还遗留了一系列问题：张汤写认罪书就代表认罪伏法了，而喊冤相当于把认罪书给推翻了，那他到底算不算认罪？如果张汤真的遵从贾谊主张的"阶级"理念，要保全"士"的尊严，那他应该在案情初期，也就是减宣刚着手审理的时候就自杀了事，以自证清白，为什么非要死撑到最后呢？而既然拿出了死撑到底的精神，他又为什么没有坚持下去呢？如果张汤让赵禹把喊冤的内容上呈武帝，事情会不会出现转机呢？毕竟赵禹和张汤有着相似的出身，还是多年同事，而且二人联手打造了留名青史、极具酷吏和特务政治风格的"见知法"[1]，那么在张汤生死存亡之际，赵禹为什么没有帮张汤一把呢？

故事之所以疑窦重重，是因为《资治通鉴》删减了许多内容，我们有必要结合《史记》来看这些问题。

其实，张汤并没有任何大臣体统和贵族精神。他坚信自己中了圈套，在整个审理过程中死硬到底，拒

---

[1] 详见前文第093讲。

不认罪。武帝为此接连派出了八批使者，就张汤被检举的罪名逐一确认。这就是当时司法程序里的"对簿"，也叫"簿责"。[1] 狂人李贽因此称赞武帝是"圣主"，并没有头脑一热就把张汤杀了。（［明］李贽《藏书·贼臣传·卷五十八》）

但不论武帝派来多少使者，张汤始终拒不认罪，直到赵禹出面为止。

赵禹脱离案件本身，从更高的维度看清了整件事的本质。他对张汤说："你这人怎么就不知深浅呢？你这些年办案杀了多少人、毁了多少家族，难道你自己心里没点数吗？如今有人告发你，言之凿凿，天子很为难，希望你可以自行了断，你又何必辩解呢？"（《史记·酷吏列传》）

赵禹的言下之意是，张汤结仇太多，不管摩足案真相如何，只要他不死，那些冲着他的怨气就会直接指向武帝。武帝之所以派来八批使者，并不是因为他作为圣主明君慎于刑杀，非要把事情弄个水落石出不可，而是在反复暗示张汤，让他赶紧自行了断，不要不识趣。

按赵禹所说，张汤不管冤不冤，都必须死。

---

[1] 详见前文第040讲。

142

张汤为什么必须死

如果史料提供给我们的就是全部事实的话，那么张汤一案起因于李文之死。当初李文三番五次寻找张汤的纰漏，张汤也确实很想置李文于死地，但并没有付诸行动。只不过张汤的党羽鲁谒居情商高，猜透了张汤的好恶，不动声色地陷害了李文。张汤只是顺水推舟，根据已经掌握的线索和证据判了李文死罪。所谓张汤知道鲁谒居在背后动了手脚，也不过是旁人的推断之辞。即便鲁谒居还活着，对一切供认不讳，张汤还是可以装聋作哑，因为没有任何实质性的证据能把李文的死归咎于张汤。

但前文赵禹的一番话让我们知道，张汤一案看似是法律问题，实际上却是政治问题。无论如何，他必须死。

张汤家产

随着张汤自杀,案子终于结了,而在这整个过程中,还有一处细节值得深究:三长史陷害张汤时,抓捕了和张汤有往来的田信等人。田信的供词提到,他事先知道张汤会在什么时候提案,从而可以囤积居奇,利用新政策发大财,最后和张汤分成。

有这样的供词在,案情应该很好查才对——只要顺着钱的走向,清查张汤的家产,看有没有来路不明的大额财产就行了,哪用得着连番派使者逼问张汤的口供呢?

但不知道为什么,从高高在上的武帝到实际审理张汤案的酷吏减宣,没人想到这条查案的捷径。更令人费解的是,张汤在为自己辩解时,也从未坦荡地说一句:"你们指控我以权谋私发大财,那你们倒是查一下我的家产啊。"

原文:

汤既死,家产直不过五百金。

直到张汤自杀了,他的家产才终于有了一个准确数字:五百金不到。

五百金不是一个小数目。我们可以回顾一下前文提到的郭解案：主父偃提议将天下豪强地主迁至茂陵，这样对内可以充实大长安地区的人口和财富，对外可以减轻天下郡国普通百姓的压力。武帝照例批准，要求郡国豪强以及家产超过三百万的人家移民茂陵。[1]这里的财产标准单位是"钱"，也就是说，财产估值达到三百万钱的人家才算达标。至于铜钱和黄金的折算关系，我们姑且采纳《汉书·食货志》的说法，一斤黄金相当于一万钱[2]，那么张汤的家产差不多有五百万钱，在富人里也算相当可观的了。

　　但对于张汤这个级别的官员来说，五百金或者五百万钱的家产实在微不足道。我们可以参考几个例子：韩安国丢官之后，为了运作自己的政治前途，拿钱打点田蚡，出手就是五百金（《史记·韩长孺列传》）；卫青给武帝宠妃王夫人的父母祝寿，出手也是五百金（《史记·卫将军骠骑列传》）。而在张汤这里，五百金不到就是他的全部家产了，并且全部来自工薪收入和皇帝的赏赐，干净得不能再干净。

1　详见前文第102讲。
2　《汉书·食货志》的原文是："黄金一斤直万钱"。这个比值未必准确，仅作参考。

大仇得报

原文：

昆弟诸子欲厚葬汤，汤母曰："汤为天子大臣，被污恶言而死，何厚葬乎！"载以牛车，有棺无椁。天子闻之，乃尽按诛三长史。十二月，壬辰，丞相青翟下狱，自杀。

张汤的兄弟和孩子们原本打算厚葬张汤，但张汤的母亲发话了："张汤身为天子大臣，遭受恶言诬陷而死，怎么可以厚葬呢？"于是，张家人只是用牛车运载棺木，墓葬中只有棺材，而在棺材外并没有起到保护作用的那层椁。武帝听闻感叹道，如果不是这样的母亲，一定生不出这样的儿子。

其实，有五百金的家产打底，厚葬并不会给张汤家里造成多大的经济负担。丧葬仪式之所以搞得极尽简朴，相当于用实际行动为张汤鸣冤，证明张汤不是贪官，不谋私利。张汤的母亲正是因为在历史上的这一次亮相，被清代女诗人王照圆写进了《列女传补注》，还借用了《诗经》里"彼美孟姜，德音不忘"的诗句来称赞她。(《列女传补注·卷八》)

武帝确实受到了触动，将三长史全部处决。丞相庄青翟也因此下狱自杀。回过头来看整个事件，那可真是狗咬狗一嘴毛，和我们普通百姓喜闻乐见的"忠臣蒙冤被杀，最后沉冤得雪，陷害他的奸臣遭到恶报"的故事模式大相径庭。但转念一想，张汤未尝不是一位忠臣，仅从廉洁的角度来看，他甚至称得上清官。

朱买臣之叹

在被处决的三长史中，事迹最丰富、在历史上名气最大的当属朱买臣。回想朱买臣的一生：他在贫困中度过了几十年，直到五十岁才逆转命运，扶摇直上位列九卿。即便后来被降职成为丞相府的长史，相较过去的生活还是好得多，因此，他似乎没必要纠结张汤对自己的态度。但人性使然，朱买臣还是无法忍受曾经在自己面前卑躬屈膝的人如今踩在自己头上作威作福。其实不仅仅是朱买臣，就连李广这样的大英雄也逃不过这样的心态，一朝得势就公报私仇杀了霸陵亭尉。

千余年后，大诗人吴伟业途经朱买臣墓，写下一首很出名的七律：

> 翁子穷经自不贫，会稽连守拜为真。
> 是非难免三长史，富贵徒夸一妇人。
> 小吏张汤看踞傲，故交庄助叹沉沦。

行年五十功名晚，何似空山长负薪。

——《过朱买臣墓》

诗的首联堂堂皇皇地抬出儒家的正统价值观，君子忧道不忧贫，只要沉浸在儒家经典当中，就能自足、自洽，物质生活的匮乏完全可以忽略不计。朱买臣不就靠读透书逆天改命，当上了二千石级别的高官吗？但也许是英雄气短的缘故吧，宦海沉浮摧残了儒家学者的健康心态，朱买臣深陷办公室政治的泥沼，害人害己。这时候回看他的读书经历，哪有什么求道精神，只不过是一介俗人妄图通过读书博取富贵，以便能在前妻面前逞威风、出胸中一口恶气而已。

首联、颔联一共四句话，高度凝练地概括出朱买臣的龌龊一生，颈联写到朱买臣的求死之道，说他既受不得张汤的羞辱，又很想为故交庄助报仇，这才伙同另外两名长史陷害张汤，结果也害了自己。

尾联总括道，早知如此，朱买臣何必还要出来闯官场呢？反正他已经一大把年纪了，安安分分地在家乡砍柴度日不好吗？至少可以寿终正寝。当然，朱买臣本人是否认同这种饱含道德优越感的盖棺论定，就是另一回事了。

张汤身后

交代几句后话：三长史伏诛之后，当初受他们诬陷，被指控与张汤狼狈为奸的田信无罪释放。按理说，不管是三长史伏诛，还是田信无罪释放，都应该建立在张汤案被平反的基础上，但实际并没有——张汤案就是办得这么稀里糊涂，似乎赵禹那番话真的说中了要害，武帝就是想让张汤识趣地去死，以便平息社会上越来越重的怨念。

作为逼死张汤的最后一名推手，赵禹既没有被论功，也没有被问罪，后来宦海沉浮，他的行事风格反而平和起来，最后犯了罪，罢了官，回了家，寿终正寝。

至于武帝，他心里到底是怜惜张汤的，所以对张汤之子张安世给予了特殊关照，逐步把他提拔起来。

以上内容出自《史记·酷吏列传》。《汉书》沿用了这段记载，并补充了一些细节：张安世因其官二代的出身，年纪轻轻就在武帝身边担任郎官。他表现极其出色，不但读书用功、记忆力惊人，而且工作兢兢业业，远超同僚，因此得到了武帝的器重和提拔。（《汉书·张汤传》）由此看来，张安世的上位显然并不是因为武帝出于对张汤的亏欠而给予了特别关照。

张汤案到此结束,但这绝不是酷吏政治的结束。一个张汤倒下去,还会有千千万万个酷吏站起来。

143

承露盘是怎么成为文化语码的

承露盘

原文:

春，起柏梁台。作承露盘，高二十丈，大七围，以铜为之。上有仙人掌，以承露，和玉屑饮之，云可以长生。宫室之修，自此日盛。

我们继续来看武帝元鼎二年（前115年）的大事件。

张汤案并没有影响武帝求仙的兴致，就在这一年的春天，著名的柏梁台开始兴建。之所以叫柏梁台，可能是因为它的梁，甚至整个建筑，都由香柏木建成。柏梁台上最引人注目的是一座铜制的承露盘，高二十丈，要七个人合抱才能抱拢。盘顶端有一只"仙人掌"——并不是今天我们所说的植物仙人掌，而是仙人的手掌。这个造型不仅仅是为了美观，更是为了在高处收集露水。据说只要喝下由这些露水与玉石碎屑混合而成的饮品，就可以长生不老。

岔开说一句，今天我们觉得这很荒唐，但不得不承认的是，武帝很长寿，执政时间跨越了半个世纪，并没有因为饮用这些奇怪的饮品而英年早逝。

柏梁台和承露盘在文学史上非常有名，历朝历代的诗歌、文章中都频繁提到。这不奇怪，毕竟它们的造型、功能和身世非常容易引发人们的想象。东汉年间，班固和张衡就分别在《西都赋》和《西京赋》中对它们进行了盛情描绘。班固写道："抗仙掌以承露，擢双立之金茎，轶埃壒之混浊，鲜颢气之清英。"形容仙人掌独立于世，吸收日月精华。《西都赋》中还提到，托举仙人掌的铜柱不是一根，而是一对。这或许是因为铜柱的造型参考了人形，呈现出一个人用双臂托举承露盘的效果。后世帝王没少效法汉武帝，所以尽管柏梁台已毁，类似的造型设计依旧可以在很多地方见到。北京北海公园里的仙人承露台就是一个例子——它用石柱代替了铜柱，石柱顶端有一个铜铸的仙人，用双臂和头顶托举着一个承露盘。

喝下承露盘收集的露水混合玉石碎屑，真的能让人长生不老吗？《西京赋》议论道："想升龙于鼎湖，岂时俗之足慕？若历世而长存，何遽营乎陵墓！"话里有嘲讽的意味：武帝既然一心求长生，又何必年年修建茂陵，对自己的陵墓抱有那么深的执念呢？

柏梁体

不过，班固、张衡二人描绘的柏梁台和承露盘都不是原物，而是复刻版。原物在武帝太初元年（前104年），也就是兴建后的第十一年毁于火灾。但武帝并不在意，再起建章宫，重修承露盘。

这种事可能并不是第一次发生了。《三辅黄图》记载，早在柏梁台之前，武帝就在甘泉宫内修建过一座通天台，高百余丈，直入云霄，也设有承露盘和仙人掌。这座通天台后来毁于元凤年间，据说雕梁画栋都化身为龙凤，随风雨飞走了。这显然带有附会成分，至于是无中生有还是添枝加叶，后者的可能性应该更高一些。

除了我们前面说的，还有一件事让柏梁台在历史上名声大噪，那就是刘孝标在《世说新语》中注释《东方朔传》时提到的，汉武帝曾在柏梁台上让群臣创作七言诗，后世的七言诗就是从这里发端的。（余嘉锡《世说新语笺疏·卷下之下·排调》）

到了南宋，出现了一部名为《古文苑》的书，有两种刻本，一种有韩元吉写的说明文字，简称为韩本，另一种有章樵所作的注释，简称为章注本。据韩元吉所说，这部书的内容是北宋学者孙洙在佛寺经龛中偶然发现的，里面的诗歌文章都是《昭明文选》这部中国最早的诗文总集里未收录的。后来，好事者给孙洙发现的这些古文章拟了一个名目，就叫《古文苑》。而这部《古文苑》收录了柏梁台君臣赋诗的全文，不但是七言诗，而且是联句，也就是一人一句，凑成了一整首诗。

在《古文苑》的章注本里，《柏梁台诗》先是武帝起头："日月星辰和四时"，然后梁孝王刘武跟进："骖驾驷马从梁来"，先后二十六个人，共作二十六句诗，句句押韵[1]，所以后人把这种句句押韵的诗歌体裁称为柏梁体。即便不读历史书和古代文学，你大概也见过这种诗体，金庸小说《倚天屠龙记》的目录就是用柏梁体的七言诗写成的。

但是问题来了：这位梁孝王刘武不是早就死了吗？怎么可能跟汉武帝一起在柏梁台赋诗呢？所以，这首《柏梁台诗》到底是记错了赋诗人的姓名，还是

---

[1] 在当时的语音系统里，"时"和"来"是可以押韵的。

纯属后人附会出来的赝品,一直是文学史上一个聚讼纷纭的问题,至今也没有定论。

自然灾害

原文:

二月,以太子太傅赵周为丞相。

三月,辛亥,以太子太傅石庆为御史大夫。

大雨雪。

夏,大水,关东饿死者以千数。

回到《资治通鉴》的文本。这一年的二月,太子太傅赵周就任丞相,接替了庄青翟的位置;三月,石庆成为御史大夫。随后,严峻的自然灾害接连发生,先是暴雪,到了夏天爆发了水灾,关东地区饿死了几千人。

事实上,早在五年前的元狩三年(前120年),关东地区就爆发过一次严重水灾。武帝积极赈灾,用尽了浑身解数,最后还是不得不大规模移民。一部分灾民被迁徙到函谷关以西地区,另一部分被迁徙到朔方郡和新秦中,大体上是河套地区。此次移民的总人数超过七十万,全部由地方政府负责安置。移民事业纷纷攘攘持续了好几年，中央政府派出的使臣络绎不绝，财政开支数以亿计，多到算不清的程度。[1] 也就是说，五年前的水灾移民工程还没有收尾呢，新一轮灾情又来了，政府已经没有多少余力。

我们还可以从另一个角度看问题：历年水患都集中在关东地区，皇帝所在的关中地区基本上安然无恙，这凸显了都城选址的意义——关中地区上风上水，不但很容易借助地利制约关东，而且天然对水灾免疫。

再换一个角度：水患还能加深我们对重农抑商原则的理解。从贾谊到晁错，这项原则之所以反复被提及，并成为贯穿古代中国始终的基本国策，是因为古代农业不但产量低，而且非常脆弱，一次水旱之灾就可能耗尽几年的积存。而且当时也不可能从外国买粮食，就算买得到，也无法解决高昂的物流成本问题。所以，站在统治者的角度，必须手中有粮，才能心中不慌。

那么，对于饿死几千人的重大自然灾害，武帝有什么应对措施吗？

《资治通鉴》没有记载，但参考《汉书·武帝纪》可以发现，当年秋天，武帝发布了一道诏书，提及水

---

[1] 详见前文第126讲。

患已向江南地区转移。江南是火耕水耨（nòu）之地，所以，朝廷调拨巴蜀地区的存粮，运往江陵以救济灾民。

从这道诏书的内容中，我们可以得到三点信息：一是朝廷确实采取了救灾措施；二是从巴蜀运粮到江南，正好可以利用长江顺流而下的便利，这显示出巴蜀大粮仓在汉代的战略意义；三是江南地区的农业水平还停留在"火耕水耨"的阶段——所谓"火耕水耨"，大体上就是第一辑里讲过的"刀耕火种"[1]，技术落后，产量低，抗风险能力差。

均输平准

原文：

是岁，孔仅为大农令，而桑弘羊为大农中丞，稍置均输，以通货物。

这一年里，经济改革还在继续深化。孔仅出任大农令，桑弘羊担任大农中丞，并逐步设立均输部门，以调节天下物资。《资治通鉴》依据《汉书·百官公卿

---

[1] 详见《资治通鉴熊逸版》（第一辑）第169讲。

表》的记载，编年记述了孔仅出任大农令是在元鼎二年，但并未明确均输政策的开始时间。如果按照《史记·平准书》的说法，均输政策至少要等到五年之后才开始实施。我们就不求甚解、观其大略好了——结合《史记》和《盐铁论》的记载来看，这一时期国家财政的实际掌舵人并不是孔仅，而是年纪轻轻的桑弘羊。朝廷真正下手搞国营工商业、抢商人的饭碗，是从盐铁专卖开始的。而要实现帝国全境的盐铁专卖，就必须形成一整套畅通无阻的物流系统。有这样一套物流系统打底，均输的想法也就顺理成章、水到渠成了。

在均输制度出现之前，各郡国向朝廷贡献物资也好，各官府在民间采购也罢，都各行其是，不但各买各的，就连物流也是各雇各的。从朝廷的角度看，这不仅会导致不必要的竞争，还会抬高物价和物流成本。既然有这么多问题，那就由中央政府统筹一下好了，反正盐铁专卖的体系是现成的。于是，大农这个部门派出几十名特派员到各地担任均输官。他们除了继续负责盐铁的调拨，还要跟进各地贡物和重要物资的采购和转运。

均输官的工作原则是：当地商人最眼红什么，他们就采购什么，然后统一运到京城新设立的平准机构。物资被集中管理起来之后，事情就好办了——朝廷可以贱买贵卖。这么做一方面可以迅速增加财政收入，另一方面则会让商人无法囤积居奇，不得不回去从事农业生产，从而稳定物价，防止暴涨暴跌。

由于各地设置若干名均输官，京师设置一处平准机构，这套新政被称为均输平准。

均输平准不仅是汉武帝时代至关重要的国本问题，也是司马光时代的核心议题。那么问题来了：以我们今天的经济学知识和历史经验，假如是你坐在武帝的位置上，你会批准桑弘羊的经济改革方案吗？

144
如何评价桑弘羊的均输平准

国家调控

我们首先应该明确一点：经济学研究的是效率问题，探讨的是一个经济体以何种模式运行才能最高效。但武帝作为统治者，其实不太关心经济效率。只要桑弘羊的办法能给国家财政带来可观的收入，能化解这些年来日益严重的入不敷出的情况，那就是好的。如果为了达成这个目标，必须降低汉帝国的经济效率，那就降低好了。

我们在读历史时，发现大量的经济政策都不能用经济学解释，其症结就在这里。我们甚至可以把统治者理解成一个偷电缆的贼，会剪断造价高昂的电缆当废铜去卖。虽然这样做纯属糟蹋好东西，而且效率极低，但如果不这样做，电缆再值钱，自己也拿不到一分。而如果把它当成废铜贱卖，无论卖出多少钱，都是自己的。账只有这么算，才算得清楚。

更何况桑弘羊的提案分析得头头是道，看起来特别合理，这不正是统筹规划的好处吗——对于国家财政来说，不存在与民争利的问题，利益是从商人手里夺过来的，恰好符合重农抑商的基本国策。对于老百姓来说，均输平准可以平抑物价，政府不会像奸商那样囤积居奇，谋取暴利。因此，这项政策官民两得，有什么不好呢？

更何况，这种事情早有成功的先例。春秋年间，齐国名相管仲就在国内设置了"轻重九府"，由国家统筹物资，平抑物价，成就了齐桓公这位霸主。那现在为什么不可以呢？

历朝历代，凡是搞国家调控、中央统筹的，管仲都是榜样。道理很简单：齐国政府参与了赚钱的事业，表面上不符合儒家的主流意识形态，却受到了孔子的高度评价。真正的问题在于，管仲的"轻重九府"到底是如何运作的，在汉武帝时代已经模糊不清了。我们只能形成两个判断：第一，管仲的调控对象要么是货币，要么是粮食；第二，管仲的调控范围仅限于齐国。

到了桑弘羊这里，他的调控对象五花八门，各种天南海北的土特产都可能算进来。并且，他的调控范围远远超过了春秋时代的齐国，覆盖了整个汉帝国。由于种类繁多，幅员辽阔，不难想见，桑弘羊调控和统筹的复杂程度，要比管仲时代高出不止一个数量级，即便以今天的技术水平，操作起来都难免左支右绌，何况是两千年前的汉朝政府呢？

想一想，东部沿海和西南巴蜀两地的物资都要统一运到长安，储存在平准机构的仓库里，还要根据全国各地的信息反馈，把相应的存货调拨到指定地点。其中涉及的物料、仓储、资讯问题，会让人非常头疼。

平准效果

那么，平准均输的效果到底怎么样呢？

从皇帝的角度来看，效果特别好。《资治通鉴》后文将会讲到，武帝后来长途巡行，北到朔方，东到大海，很有当年秦始皇的气象。所过之处，他大把撒钱给赏赐，帛用出去百余万匹，金钱开销数以亿计——这些全都是由桑弘羊主持的大农机构供给的。

桑弘羊还推出了配套政策。比如，官职空缺时，下级官吏只需上缴一定数量的粮食，就可以补上这个缺口。(王叔岷《史记斠证·卷三十》[1]) 再比如，平民百

---

[1] 王叔岷《史记斠证·卷三十》："考证：梁玉绳曰：《汉志》作'令民得入粟补吏'。恐非。观下文云：'令民能入粟甘泉，各有差，以复终身。'则此当是'吏入粟补官'矣。案：《汉纪》从《汉志》作'令民得以粟补吏'。《通鉴》从《史记》作'吏得入粟补官'。"

姓也可以上缴粮食，不同的上缴额度可以换来不同程度的赋税和劳役的减免。除此之外，桑弘羊还废除了天怒人怨的告缗令。

结果，仅仅用了一年时间，太仓和甘泉这两大粮仓就塞满了，边郡的储藏也很丰富。《史记·平准书》对此做了一句极其著名的总结："民不益赋而天下用饶。"意思是，老百姓的赋税和徭役并没有增加，国家财政却面目一新，干什么都不缺钱了。桑弘羊立了这么大的功劳，自然加官晋爵，赐爵左庶长，赐金二百斤。

这些记载的原始出处是《史记·平准书》。让我们梳理一下至此为止整件事的逻辑：政府亲自下场经商，先是搞盐铁专卖，再搞平准均输，通过在全国范围内贱买贵卖，一方面平抑了物价，另一方面把原本由千千万万个商人在市场竞争中赚到的钱，通过政策性的垄断收到朝廷手里。商人无利可图，就只好回去种田，而原本就在种田的老百姓也不会因此增加任何负担，从此幸福地生活在一个物价稳定、物资充足的社会里。整件事背后最大的受益者是汉武帝——无论怎样铺张浪费，他都有用不完的财富。这就是"民不益赋而天下用饶"。

孰是孰非

这个逻辑让人越想越觉得神奇,所以从古至今,既有人信,也有人不信。

信者自有其道理。毕竟司马迁遭受宫刑,内心充满委屈,在字里行间发泄对汉武帝的不满才是人之常情,否则《史记》也不会被一些人称为"谤书"了。所以,如果连司马迁都称赞桑弘羊的财政手段成效卓著,那它就一定成效卓著。

但是,怎么从经济学和社会学的角度理解它的成效呢?我们可以参考以何兹全先生为代表的相信派的说法:"从这些政策实施的结果上,可以理解汉代商人资本是相当发达的,城市工商业经济在整个社会经济中的地位是相当重要的。劳动人民所创造的商品财富掌握在商人手里,便形成他们的资财巨万;掌握在政府手里,便能'民不益赋而天下用饶',解决了政府的财政问题。"(何兹全《中国古代及中世纪史讲义》)

反过来,不信派的理由也很充分。《史记》其他篇章,还有《汉书》和《盐铁论》的许多记载,都说明武帝执政后期民生问题严重,户口减半,盗贼遍地。不说别的,我们只要回想一下告缗令就可以了:告缗令下,帝国全境的商人和富户几乎被政府洗劫一空,那么还能有多少幸存者和幸存的财富可以经由均输平准再一次转入政府手里呢？

所以到了宋朝，苏轼提出过一个很大胆的论点：称赞商鞅和桑弘羊的功劳，是司马迁的两大罪状。在苏轼生活的时代，王安石推行变法，认为变法的本质就是"民不益赋而天下用饶"。对此，司马光持反对意见，指出天下的财富不是无限的，不在民间就在官府，不在官府就在民间，不可能凭空变出来。苏轼特别认同司马光的这个观点，并进一步分析道，为什么这么简单的道理，好多统治者就是想不明白呢？他们应该不是真的不明白，只是太渴望敛财了，全不在意民生疾苦。采用桑弘羊这套办法确实可以短期见效，但这与饮鸩止渴无异。（［宋］苏轼《东坡志林·卷五》）

以我们今天的经济学知识来看，司马光和苏轼的观点显然有值得商榷的地方。价值是高度主观的，各地的供需并不均衡，所以同样一种商品，在原产地可能不值钱，运到需求高的地方可能会特别值钱。这种情况下，均输平准政策在一定程度上是有可能通过调节物资流通，达到"民不益赋而天下用饶"的效果的。但即便司马光和苏轼不理解这个经济学原理，他们的观点在与史料相印证时，仍然有其道理。

假如我们认同苏轼的观点，那么留给我们的一个新问题是，为什么司马迁会称赞桑弘羊的政绩？司马迁这么看重自己的作品，渴望以一部《史记》流传百世，赢得永恒，没道理在桑弘羊问题上说瞎话啊。

在这个问题背后，藏着一个读书人应该如何知人论世、读取弦外之音的新问题。晚清学者吴汝纶曾表示，苏轼虽然道理说得没错，但误解了司马迁的真正意图。吴汝纶认为，司马迁在写商鞅时功罪分明，而写桑弘羊时，则使用了皮里阳秋的方式，表面上赞扬，实际上隐含批评。苏轼若只从字面意义去理解，当然就错了。（［清］吴汝纶《吴汝纶日记·卷四》）

那么到底孰是孰非呢？

145

盐铁政策有没有两全其美的方案

即便桑弘羊本人满怀着良好意愿,打出了一套理论上堪称完美的组合拳,实际情况还是不如他所想。因为当朝廷掌握经济大权时,各级执行者也就有了权力寻租的空间,可以各自牟利。

对此,《盐铁论》提供了一些线索:在直接面对民间经济的层面,具体负责的官吏根本没有严格执行桑弘羊的方案。相反,他们喜欢刁难老百姓,什么没有就偏偏要什么,迫使老百姓贱卖自家的物资去换取官府指定的物资,只有这样官府才会接受。于是,所谓均输,"未见输之均";所谓平准,"未见准之平"。无论男女老少,肩上的负担都大大加重了。(《盐铁论·本议》)

至于桑弘羊那个上缴粮食就可以补官的政策,前文讲过,卖官鬻爵中,鬻爵并不是什么大事,而卖官却会深刻影响政治的基本面。因为如果官职是买来的,买家自然会考虑性价比，考虑当上官以后怎么把钱赚回来。这样的话，对民间的摧残也就不问可知了。[1]

同样，鼓励老百姓上缴粮食来减免徭役和赋税，也是以牺牲长远利益为代价的——这样做会导致服役和缴税的人越来越少。

综上所述，桑弘羊的手段如果作为应急策略，解燃眉之急倒也说得通，但没法作为基本国策长久施行下去。耐人寻味的是，历朝历代，只要朝廷想要缓解财政压力，都会重走桑弘羊的老路。在反对派看来，这些桑弘羊第二、桑弘羊第三，无一例外都是在儒家价值观里最受鄙视的"聚敛之臣"。他们越是摇旗呐喊，政权就越容易滑入"财聚则民散"的深渊。

很多反对派认为，既然是朝廷，走出来好歹也是一群帝王将相，多少该要点脸面，总不能年年喊着重农抑商、崇本抑末的口号，拿政治权力打压商业对手，结果自己反而成了垄断全国的商人。如果商人可耻，那么这个全国最大的商人岂不是最可耻？

---

[1] 详见前文第118讲。

大象的觉悟

这个问题背后有这样一个原理：政府体量庞大，远超任何一个自然经济体。自然经济体如果做错了什么，影响其实非常有限，毕竟体量小嘛；但政府就不一样了，它就像一头走进瓷器店的大象，每个动作都有可能产生巨大的影响。搞通盘的国家垄断经济，这么大的动作，只要有一处细节无法被全面照顾到，就会被逐利之徒利用，进行权力寻租和牟利，进而破坏整个系统。

对此，常见的想法可能是：必须严刑峻法，杀一儆百。但无数历史事实证明，严刑峻法不管用，不然秦朝也不会亡。那再换个角度：多花心思完善制度建设，把制度漏洞堵住呢？但系统论的难题又来了：以古人的技术手段，每堵住一个旧的漏洞，大概率会制造出另外两三个新漏洞。

至此我们认识到，政府作为一头大象，应该有"能不动就不动，能少动就少动"的觉悟。如果社会是一艘船，那么政府就是船里的压舱石。大象嘛，它的本分应该是稳住船只，既不要抢着去当舵手，也不要仗着自己力气大去划桨。

当然，这只是理论值，历史上还是不断出现桑弘羊式的接班人——唐朝有刘晏,宋朝有王安石,骂他们的人都喜欢拿桑弘羊当靶子。我们可以试着参照唐宋两代的史料,来看桑弘羊的政策会在民间造成什么样的影响。

盐商妇

唐朝的白居易热衷于创作新乐府,用最朴素的诗歌语言记录民间疾苦,其中有一首《盐商妇》,顾名思义,主人公是一名盐商的妻子。题目底下有诗人的一句说明——"恶幸人也"——简要点明主旨:全诗虽然在写盐商妻子的事情,但这么写既不是要讽刺她本人,也不是要责备她家男人,而是为了批判某些政坛红人。先来看看这首诗:

> 盐商妇,多金帛,不事田农与蚕绩。
> 南北东西不失家,风水为乡船作宅。
> 本是扬州小家女,嫁得西江大商客。
> 绿鬟富去金钗多,皓腕肥来银钏窄。
> 前呼苍头后叱婢,问尔因何得如此?
> 婿作盐商十五年,不属州县属天子。
> 每年盐利入官时,少入官家多入私。

官家利薄私家厚,盐铁尚书远不知。

何况江头鱼米贱,红脍黄橙香稻饭。

饱食浓妆倚柁楼,两朵红腮花欲绽。

盐商妇,有幸嫁盐商。

终朝美饭食,终岁好衣裳。

好衣美食有来处,亦须惭愧桑弘羊!

桑弘羊,死已久;不独汉时今亦有!

——《盐商妇》

整首诗的遣词造句都很质朴,就像民谣一样,并不难懂。一名出身普通的女子因为嫁给了盐商,从此过上了阔太太的好日子,吃香喝辣,使奴唤婢,既不需要种田,也不需要纺织。这样优越的生活是怎么来的呢?答案是"婿作盐商十五年,不属州县属天子":她嫁给盐商十五年了,盐商家庭另有属籍,不归地方政府管。他们家做食盐贸易赚来的钱都是直接上缴中央,或者说是和中央政府的财政部门分成的。

这看起来还算合理。但问题是,"每年盐利入官时,少入官家多入私",盐商在上缴利润时会把大头留给自己。这种情况难道就没人管吗?

还真就没人管。当然,中央政府并不是不想管,而是因为"官家利薄私家厚,盐铁尚书远不知"。山高皇帝远，中央政府怎么可能监控每一条食盐专卖网络的末梢呢？所以白居易在最后总结道，虽然桑弘羊这个人尸骨已朽，但他的精神永世长存，依然在荼毒人间。

你也许认为，诗人的言辞难免夸张，但白居易有一篇准备应试的策论文章也在说这件事、这个道理。有破有立的正确做法是怎样的呢？白居易提到，尧、舜、禹和汉文帝就是好榜样，他们"弃山海之饶，散盐铁之利"，意思是，盐铁和一切农业以外的副业都不应该由政府垄断，而应当让老百姓自由经营。

看来白居易切身体察过民间疾苦，一语道破了朝廷垄断经济的弊端。但如果皇帝踢开桑弘羊，任用白居易，情况会怎么样呢？

陈寅恪先生认为，白居易书生之见，迂腐得很，可听不得。他的证据来自《新唐书·食货志》：刘晏操持食盐专卖时，垄断利润占全国赋税的一半，从皇家用度到军费开支，再到文武百官的薪俸，都依赖于这条财路。刘晏免职后，这套制度自然被废除了，但结果不但没有好转，反而变得更坏了——朝廷入不敷出，老百姓赋税加重，商人趁机抬高盐价，民怨沸腾。有些地方的普通百姓因为买不起盐，连做菜都不放盐了。（陈寅恪《元白诗笺证稿》）

基于这样的论据，陈寅恪先生得到的观点一定是对的吗？也未必。因为我们不知道如果盐铁专卖多实行一段时间，或者从未实行过，经济秩序会不会因此变得更好。《新唐书·食货志》所记载的民怨和经济失序，究竟是废除盐铁专卖所导致的，还是政策频繁变动所引发的，同样尚无定论。

两全之策

真正的管理者会怎么看待这个问题呢？乾隆皇帝有过认真的表态。

我们知道，乾隆皇帝酷爱写诗和题字，以至于他的诗和字特别不值钱，甚至招人反感。但是，仅在史料意义上，他的诗作大有可观。乾隆皇帝很喜欢白居易的五十篇新乐府，从小就爱读能背。他认为，这一组诗完全没有卖弄文学技巧，是代万民发声的好作品。后来他当了皇帝，发现白居易当年针砭过的时弊自己也遇到了，有了新体会，于是日积月累，用白居易的体裁写了全新的五十篇诗作。

在这五十篇里，就有一篇新版本的《盐商妇》。乾隆皇帝说，本朝虽然也搞中央统筹经济模式，看上去和桑弘羊那套差不多，但是，"盐价核定会督抚，毋令盐商私价增毫釐。微利商亦获，日用民亦资"。意思是，食盐的价格不再由中央政府全权确定了，而是由中央政府和地方政府商量着来。因此，盐商的牟利空间被大幅挤压，只能赚一点蝇头小利罢了。但这么一来，政府有了收入保障，老百姓也得到了实惠，这才是真正的官民两便嘛。（〔清〕爱新觉罗·弘历《用白居易新乐府成五十章并效其体序》）

乾隆皇帝显然对自己的政策改革很得意，认为"民不益赋而天下用饶"这句可疑的话在自己手里真的实现了。但事实真的是这样吗？清朝盐商的富裕程度众所周知。显然，白居易当年的哀叹和针砭并不过时，桑弘羊经济政策的弊端似乎始终如影随形。历朝历代，局面好的时候，政府可以不搞垄断经营，自由放任；而一旦局面不好、财政陷入困境了，桑弘羊主义就会卷土重来。

这是一道无解的题，因为无解，所以无奈。症结究竟在哪里呢？

146

五铢钱是怎么一统天下的

这一讲我们继续留在武帝元鼎二年（前115年）。这一年里，货币制度又发生了一次重大变革。兹事体大，《资治通鉴》有点轻描淡写了，其实有必要展开讲讲。

废止白金币

原文：

白金稍贱，民不宝用，竟废之。于是悉禁郡、国无铸钱，专令上林三官铸钱，令天下非三官钱不得行。而民之铸钱益少，计其费不能相当，惟真工、大奸乃盗为之。

我们逐年看过汉朝的历史，对货币的乱象应该深有体会。无论推出什么样的货币，都无法长久流通，总是会陷入混乱，最终不得不再次改革。而就在本年度，这个模式又要重蹈覆辙了。

事情要从四年前，也就是元狩四年（前119年）说起。当时，政府推出了两种高面值货币：皮币和白金币。前文提到，所谓"白金"，是银和锡的合金。银和锡原本并不用来铸币，之所以有这个创新，是因为少府的银、锡储备充足，与推行皮币的逻辑如出一辙。

我们马上就会想到一个问题：少府的银、锡储备充足，可以方便地铸造白金币，到民间收割一波。然而，银和锡并不稀有，一旦民间看到利益点，一定会趋之若鹜，掀起一股铸造白金币的潮流。

事情果然朝这个方向发展下去了。虽然白金币不像皮币那样纯属讹钱，但其面值也显著高于金属本身的价值。所以，尽管朝廷严刑峻法，禁止民间私铸，私铸白金币的现象依旧层出不穷。结果，白金币迅速贬值，朝廷不得不予以废止。

在推行皮币和白金币的同时，朝廷还对铜币进行了新改革：销毁半两钱，重新铸造三铢钱。[1]然而，三铢钱的命运并没有比白金币好到哪里去，它很快就被五铢钱取代了。而且我们不难想见，无论是三铢钱、五铢钱，还是其他规格的钱币，民间私铸肯定是拦不住

---

1 详见前文第128讲。

的，新币制推行不了多久，便又会陷入那个死循环。

赤仄钱

但这一次似乎有所不同。高级官员提出了一项方案：在京城由官府主持，铸造一种叫作赤仄钱的新型铜币。它相当于五枚五铢钱，任何人缴纳赋税都必须使用。

到底什么是赤仄钱，赤仄钱长什么样，至今仍然是一个争议问题。我们观其大略，注意以下三个重点就可以了：

第一，赤仄钱的铸造由京城有关部门垄断，各郡国不允许自行铸造。这样可以确保钱币样式高度统一，使得辨识民间私铸变得更容易。

第二，一枚赤仄钱相当于五枚五铢钱。这显然是朝廷在巧取豪夺征收铸币税，人为抬高了赤仄钱的面值。

第三，尽管民间可能不认可这种人为抬高的面值，但没关系，因为朝廷收税只收赤仄钱，所以民众即便再不愿意，也只能被迫接受。

这样一看，赤仄钱已经很有现代纸币的感觉了。其背后的逻辑是，国家机器用国家信誉为面值不高的赤仄钱，甚至几乎毫无价值的纸币背书。特别是在纸币时代，只要在一张纸上印上特定的图案，就能使其身价百倍。有胆量、有手段的人自然会想：如果自己造纸、自己印刷，不就可以一本万利吗？

这就是假币的由来。因此，政府一方面要严厉打击假币，一方面还要不断提高货币的防伪技术，又是用金属线又是用水印的，让不法分子即便能仿造，也会因为成本太高而放弃。

但民间私铸并没有因此停止——既然赤仄钱的面值远高于金属价值，只要多下一点本钱，多讲究一下工艺就可以了。所以，不到两年光景，赤仄钱就走上了绝路。

铸币垄断

难道就没有办法可以打破这个怪圈吗？

汉武帝执政以来，从建元元年（前140年）到眼下的元鼎二年（前115年），币值先后改过五次，但私铸始终猖獗。民间的不法分子削尖脑袋侵夺朝廷的财政收入，严刑峻法也无法禁止。

不过，经过了这么多年博弈，朝廷对此终于有了一些头绪，那就是要废除各郡国的铸币权，将铜币交由水衡都尉下属的上林三官统一铸造。

司马光把这件事定在了本年度，很可能出了错，事情应该发生在两年之后的元鼎四年（前113年）才对。（王云度《秦汉史编年》）司马光之所以出错，估计是因为《汉书·百官公卿表》里明确记载着水衡都尉这个官署的设置是在元鼎二年。但武帝设置水衡都尉的初衷，应该不是垄断铸币权。按说铸币这种事情应该归大农管，和盐铁专卖、均输平准一样由桑弘羊统一调配，怎么会凭空出来一个水衡都尉呢？

答案就在《史记·平准书》里：正是因为桑弘羊执掌大农，盐铁收入太多了，钱没处放，同时杨可主持告缗，把天下富户搜刮了一个遍，钱多得更没处放了。放眼长安周边，就属上林苑地方大，好吧，这么多财宝就堆在上林苑好了。当然，这么多财宝还得有人专管，所以就设置了一个水衡机构，最高长官叫水衡都尉。

"水衡"这个名字很巧妙。一来周代把管理山林水泽的官员称为衡，武帝喜欢儒学，特别好古，自然会找这种古雅的名称来命名新机构。二来衡还有"平"的意思，搞税收的关键就是要"平"，所以管理税收的官职也叫衡。三来国家的物价政策也叫衡，相当于均输平准的"平准"。

水衡都尉的品级比二千石，下属有九个部门。等到武帝统一铸币权的时候，负责铸钱的就是这九个部门当中的均输、钟官和辨铜。大体上说，均输掌握着全国的物流系统，负责收集全国各地的铜料；辨铜负责鉴别铜料的种类和等级；而钟官负责铸造。这三个部门协同做事，合称上林三官，由它们铸造的铜币称为三官钱。

不过，三官到底是哪三官，学者们有不同意见，我们就不去深究了。可以确定的是，现代考古工作发现了当时的钟官铸钱遗址，面积足有一百多万平方米。(陕西省考古研究所《汉钟官铸钱遗址》)

既然铸钱的权力由三官垄断了，那么各郡国先前铸造的铜币就不能发行了，它们连同各地储藏的铜料一起被运送到三官。用林剑鸣先生的话说："这次改革是比较彻底的。首先，中央收回铸币权，垄断了货币的铸造，并将铜材置于中央统一管制之下，这就使货币的伪铸失去了原料，从根本上制止了伪钱的泛滥。"(林剑鸣《秦汉史》)

五铢钱

不过，这件事是有连带伤害的：先前各郡国铸的钱虽然和中央铸造有差别，无论工艺还是重量都不可能整齐划一，但好歹是官方铸币，执行着同一个标准，结果新政策一出，对这些旧版本的官方铸币翻脸不认了。但没办法，官府耍起流氓来，老百姓只能徒唤奈何。这时候倒是体现出了铜币的优势——铜币不是纸币，其金属价值还在，不会因为官府耍流氓，转眼间就变成一张废纸。

这样一来，上林三官就相当于中央银行。既然由中央银行统一铸币，标准就可以高度统一了。一方面，上林三官提升铸币的工艺水平，就相当于现代纸币用金属线和水印，极大提高了仿造成本；另一方面，也许是更为重要的，这种铜币很可能用了赤仄钱的精巧铸造工艺，但铸造成品不是原先那种赤仄钱，而是五铢钱——也就是说，这种铜币的面值和实际重量相当，面值是五铢钱，铜币就真的有五铢那么重——这才是撒手锏，让私铸彻底变得无利可图。所以才有了《资治通鉴》所说的，民间私铸越来越少，只有极少数手艺高超又胆大包天的人，还继续干着偷偷铸钱的不法勾当。

这件事意义重大，汉朝翻来覆去的币制改革终于可以告一段落了。从此以后，五铢钱一统天下。从武帝执政中期直到隋朝的七百多年间，任凭王朝怎么更迭，五铢钱几乎一直都是主流货币。

但我们马上就会产生一个疑问：上林三官垄断铸币，而这种三官钱不但制作工艺精良，用料还特别扎实，面值写的五铢，就真的重五铢。但说一千道一万，朝廷要是把三官钱造得这么好，并且严令天下人只能使用这种货币，那还怎么从民间收割财富呢？

没错，这恰恰是症结所在。所以我们不难预见，五铢钱的政策不具备可持续性，随着时间的推移，朝廷还会重新偷工减料。而一旦朝廷开始偷工减料，民间私铸自然也会变得有利可图。这是后话，这一时期的财政和货币改革，我们就说到这里。

147
汉帝国是怎么开启西域经营的

我们继续来看武帝元鼎二年（前115年）发生的其他大事。这一年中，张骞回到了长安，还带着几十名乌孙国的使者。当时的人应该不觉得这件事有多大的意义，但今天我们知道，这件事标志着丝绸之路的开通。当然，古人不知道"丝绸之路"这个词，他们的说法是"张骞凿空"。

"张骞凿空"出自《史记·大宛列传》，是司马迁的原话，意思是张骞打通了河西走廊，开创了一个新局面。从此以后，汉帝国和西域诸国开始有来有往，互通有无。根据王子今先生的考证，"凿空"的"空"是通假字，相当于"孔"，所以"凿空"的字面意思就是打了一个孔。（王子今《〈龟兹左将军刘平国作关城诵〉考论——兼说"张骞凿空"》）因为有了这个孔道，汉帝国和西域才有了沟通的可能。

原文：

浑邪王既降汉，汉兵击逐匈奴于幕北，自盐泽以东空无匈奴，西域道可通。

张骞之所以会去凿空，主要是因为元狩二年（前121年）匈奴浑邪王降汉事件。[1] 随着浑邪王的归降，匈奴相当于断了右臂，今天的甘肃省全境几乎变成了真空地带。这时，汉帝国如果派人沿着河西走廊远赴西域的话，就不用担心匈奴势力的阻挠了。我们正常的想法是：既然有了这样一片广袤的真空地带，汉帝国是不是应该趁热打铁，赶紧派人过去筑城、屯田、开疆拓土呢？

联络乌孙

原文：

于是张骞建言："乌孙王昆莫本为匈奴臣，后兵稍强，不肯复朝事匈奴，匈奴攻不胜而远之。今单于新困于汉，而故浑邪地空无人，蛮夷俗恋故地，又贪汉财物，今诚以此时厚币赂乌孙，招以益东，居故浑邪之地，与汉结昆弟，

---

[1] 详见前文第125讲。

其势宜听，听则是断匈奴右臂也。既连乌孙，自其西大夏之属皆可招来而为外臣。"

但张骞并不是这样想的，他的建议是到西域联络乌孙王国的国王昆莫，请昆莫带着乌孙人迁居到浑邪王故地，跟汉帝国结盟，共同对付匈奴。乌孙是西域强国，如果它跟汉帝国结盟，那么西域各个政权都不难成为汉帝国的藩属。

张骞的这个设想，背后的逻辑和当初联络大月氏是一致的：河西走廊原本就是乌孙国的故土，乌孙国人当时是被迫西迁的。张骞大概以为，汉人安土重迁，月氏人和乌孙人也会人同此心，心同此理。先前虽然在月氏人那里碰了壁，但那应该只是一次例外吧。

原文：

天子以为然，拜骞为中郎将，将三百人，马各二匹，牛羊以万数，赍金币帛直数千巨万；多持节副使，道可便，遣之他旁国。

武帝听罢很是动心，拜张骞为中郎将，率领一支三百人规模的使团出使乌孙国。

我们可以留意一下细节：使团一共三百人，每人有两匹马，这已经很具规模了。但他们的阵仗远不止于此——还有几万头牛羊和价值不知道多少万钱的金钱和丝织品。毕竟经过桑弘羊的努力，这时候的朝廷已经不差钱了。

使团还有一个很特殊的地方，那就是副使特别多，每一名副使都带着一支汉帝国的使节。这一安排的意图是：只要看到道路通畅，张骞就可以见机行事，派副使手持使节，以使者身份出使附近的西域国家。也就是说，使团的主线任务是和乌孙国建交，除此之外还有支线任务，那就是在西域广撒网，逮着谁就和谁建交。

支线斩获

原文：

骞既至乌孙，昆莫见骞，礼节甚倨。骞谕指曰："乌孙能东居故地，则汉遣公主为夫人，结为兄弟，共距匈奴，匈奴不足破也。"乌孙自以远汉，未知其大小；素服属匈奴日久，且又近之，其大臣皆畏匈奴，不欲移徙。骞留久之，不能得其要领，因分遣副使使大宛、康居、大月氏、大夏、安息、身毒、于阗及诸旁国。乌孙发译道送骞还，使数十人，马数十匹，随骞报谢，因令窥汉大小。

事情当然不会一帆风顺。张骞到达乌孙后,发现局势和自己预计的完全不同。乌孙王昆莫态度倨傲,也无意率部东迁。之所以如此,是因为有一个情况《资治通鉴》没讲到:当时的乌孙国已经一分为三,昆莫只是名义上的国王,实际管辖的国土只有三分之一。(《史记·大宛列传》)所以,昆莫就算想答应张骞,也没法做这个主,这让张骞再一次"不得要领"。

但昆莫到底留了余地,等张骞回国的时候,乌孙国派出了几十名使者同行。昆莫的顾虑很合理:毕竟从没和汉帝国打过交道,以后建交也好,联姻也罢,总得先派人实地探查一下,有个直观的了解再说。

原文:

是岁,骞还,到,拜为大行。后岁余,骞所遣使通大夏之属者皆颇与其人俱来,于是西域始通于汉矣。

张骞回国之后,升任大行,位列九卿。与他同行的乌孙使者在汉境见识了许多新奇事物,回西域后积极促进两国外交。(《史记·大宛列传》)使团的支线任务也颇有斩获:又过了一年多,张骞派出去的那些副使陆续回国,带来了西域诸国的回访使者,汉帝国和西域诸国的外交关系就此展开。

不过，《资治通鉴》很可能搞错了时间线。根据《汉书》的记载，张骞在升任大行一年多后便过世了，要再等到一年多以后，副使们才陆续带着西域诸国的回访使者归国。很遗憾，有凿空之功的张骞没能看到这一幕。（［清］王先谦《汉书补注·张骞李广利传》）

今天提起这段历史，常常人心激荡，赞歌无数。但如果还原到历史现场，当时的汉朝人未必觉得这是多么不得了的丰功伟业，甚至可能抱怨张骞和汉武帝无事生非，不知道接下来又会折腾出多少劳民伤财的事情。看上去，丝绸之路的开辟给了很多人发财的机会，但问题在于，他们即使真的经商致富，也未必会有好结果。天知道哪天会再来一个告缗令，再推出一批白金币、赤仄钱，再下一批强制搬迁的行政指令？到头来，百姓又是为谁辛苦为谁忙呢？

开疆拓土

原文：

西域凡三十六国，南北有大山，中央有河，东西六千余里，南北千余里，东则接汉玉门、阳关，西则限以葱岭。河有两源，一出葱岭，一出于阗，合流东注盐泽。

盐泽去玉门、阳关三百余里。自玉门、阳关出西域有两道：从鄯善傍南山北，循河西行至莎车，为南道；南道西逾葱岭，则出大月氏、安息。自车师前王廷随北山循河西行至疏勒，为北道；北道西逾葱岭，则出大宛、康居、奄蔡焉。故皆役属匈奴，匈奴西边日逐王，置僮仆都尉，使领西域，常居焉耆、危须、尉黎间，赋税诸国，取富给焉。

无论如何，由于张骞凿空，一个广袤的西域世界豁然呈现在汉帝国面前。《资治通鉴》记载，西域东西向长六千余里，南北向则有千余里，分布着三十六个国家。这个说法出自《汉书·西域传》。在古汉语中，诸如三、九、三十六、七十二这样的数字往往不是实指，而是泛言数量多。但此处提到的"三十六国"还真是实实在在的三十六个国家，后来分裂成了五十多个。当然，这些国家大多是城邦型的政权，占据一片绿洲就能成为一个国家。

至于"西域"这个概念，其地理范围相当模糊，既有狭义也有广义。《汉语大词典》给出的定义是："汉以来对玉门关、阳关以西地区的总称。狭义专指葱岭以东而言，广义则凡通过狭义西域所能到达的地区，包括亚洲中、西部，印度半岛，欧洲东部和非洲北部都在内。后亦泛指我国西部地区。"

原文：

乌孙王既不肯东还，汉乃于浑邪王故地置酒泉郡，稍发徙民以充实之。后又分置武威郡，以绝匈奴与羌通之道。

在匈奴的全盛期，也就是冒顿单于的时代，西域三十六国都在匈奴的势力范围内，只认匈奴单于，对汉帝国几乎一无所知。如今局面逆转，这对武帝时代的汉帝国而言至关重要。

既然乌孙人不愿意迁回河西走廊，这片广阔的土地也不能一直空着，汉帝国便顺理成章地将其收归己有，增设了酒泉和武威两郡，逐步发动移民，充实当地人口。这两个新郡的设立，切断了匈奴和羌人的联系。

实际上，汉帝国在河西走廊先后设置了四个新郡，分别是酒泉、武威、张掖、敦煌，合称"河西四郡"。按理说，这种开疆拓土的大事件，应该被史家浓墨重彩地记述下来才对，但四郡的具体设置时间在史料中却存在矛盾和混乱，导致众说纷纭。

司马光将作为"河西四郡"开端的酒泉郡的设置时间定在元鼎二年（前115年），但其史料依据并不充分。按照《汉书·武帝纪》的记载，酒泉和张掖的设置是在六年前的元狩二年（前121年），也就是浑邪王率领部众归降过来的那一年。但如果采信这条史料，我们就没法解释后来张骞出使乌孙国时，浑邪王故地为何属于真空地带，汉帝国又为何向乌孙王提出东迁的邀请。而据《汉书·地理志》记载，酒泉郡设立于十一年后的太初元年（前104年），武威郡则设立于十四年后的太初四年（前101年）。

我自己倾向于孙闻博先生的结论："河西四郡"之首的酒泉郡设置在四年后的元鼎六年（前111年），下一个设置的不是武威郡，而是张掖郡，时间是太初三年（前102年），然后是敦煌郡，时间在后元元年（前88年），最后才是武威郡，设立时间是汉宣帝地节三年（前67年）。从酒泉郡到武威郡，时间跨度足有四十四年。（孙闻博《西汉初营河西考——以"新地"接纳史为视角》）

酒泉郡的治所在今天甘肃省酒泉市肃州区，参考颜师古的说法，当地城下有一处泉水，水的味道像酒，酒泉郡的名字就是这么来的。（[清]王先谦《汉书补注·地理志》）这虽然只是传闻，但可能说明了一个事实：当地特别缺水，所以一旦发现了水源，人们会觉得比美酒还甘甜。

至此，汉帝国开始紧锣密鼓地经营西域。丝绸之路已打通，下一步是不是就该开展丝绸贸易了？

汉武帝元鼎二年至三年

148
武帝是怎么扩大关中地理疆域的

这一讲我们先给武帝元鼎二年（前115年）收个尾，看看丝绸之路在开辟之初是什么样子的。

丝绸之路这个名字来自十九世纪德国地理学家李希霍芬。它的东端在长安，西端在罗马，精美的中国丝绸正是通过这条古老的商路传到西方的。然而，现代学者的研究表明，丝绸之路并不是一条单一的道路，也不存在直接从长安到罗马的长途商贸活动，甚至连丝绸也不是主要商品。从汉武帝的角度看，河西走廊打通后，面对一个五光十色的西域新世界，他最感兴趣的东西其实是大宛国的汗血马。

汗血宝马

原文：

天子得宛汗血马，爱之，名曰"天马"。使者相望于道以求之。诸使外国，一辈大者数百，少者百余人，人所赍操大放博望侯时，其后益习而衰少焉。汉率一岁中使多者十余，少者五六辈；远者八九岁，近者数岁而反。

《资治通鉴》记载，武帝在获得大宛国的汗血马之后十分欢喜，将其命名为"天马"。他派遣了大量使者前往西域求取汗血马。使团的规模有时多达几百人，最少也有百余人，所带的礼物与张骞出使时相当。每年派出的使团从五六拨到十几拨不等，远途使团要八九年才能回国，即便是短途使团，一个来回也要花费数年时间。

这段记载出自《史记·大宛列传》，但时间线已经梳理不清了，不同史料之间也存在矛盾，我们观其大略就好。总之，武帝对骏马的渴求是推动所有事情的原动力。这倒不能责备武帝贪心，因为骏马是当时最紧俏的战略物资，先前卫青、霍去病和匈奴作战时，消耗最大的就是战马。如果不是因为战马供应不足，武帝一定会"宜将剩勇追穷寇"，就算打到天涯海角，也要将匈奴降服。

在此之前，武帝与乌孙国建交，获得了乌孙良马。这些马匹比本土马优良，适合繁育。武帝很高兴，将乌孙马称为天马。然而，当他看到大宛的汗血马时，人比人得死，货比货得扔，"天马"这个最尊贵的头衔便转而赋予汗血马了，乌孙马遂改名叫西极马。但由于武帝当时得到的汗血马数量很少，大约没法繁衍，这才有了无数使者西行求马的事情，后来又有李广利远征大宛求取贰师城的宝马。这一系列努力的意义，按照余嘉锡先生的观点，就是改良了汉帝国战马的血统。（余嘉锡《汉武伐大宛为改良马政考》）

新问题来了：汉帝国每年向西域派出那么多使团，每个使团随身带着那么多财富，出去一趟又是好几年起步，山高皇帝远，他们真的会认真履行使命吗？他们得到的回报又是怎样的？

答案要等到元鼎六年（前111年）再揭晓，本年度的大事件到这里就全部结束了。

徙函谷关

原文：

（三年）

冬，徙函谷关于新安。

现在我们进入元鼎三年（前114年）。年初的第一件大事特别奇怪：函谷关竟然像人搬家一样，从今天的河南灵宝一带向东迁移了大约一百四十公里，搬到了河南新安。这是怎么回事呢？

当然，一座雄关不可能真的从甲地移动到乙地，但名称和行政规划是可以重新调整的。《资治通鉴》的这条记载出自《汉书·武帝纪》。至于移关的原因，传统说法来自东汉学者应劭：当时楼船将军杨仆多次立下大功，虽然朝廷给予了他丰厚的封赏，但有件事一直让他耿耿于怀。杨仆的家位于关东地区，说起来他是个"关外民"。所以，杨仆上书武帝，希望能把函谷关往东挪一挪，让自己做个关内人，移关所需的一切费用他全包，不劳朝廷费心。

从应劭的说法来看，当时关中和关东已经出现了我们现代人很熟悉的地域歧视。杨仆的家其实离函谷关不远，就在函谷关的新址和旧址之间，但没办法，一关隔绝内外，关内属于京畿地区，是天子脚下，关外就是被视为偏远地区的小地方。所谓"关外民"，约等于乡巴佬。杨仆就算把老家的房子卖了，到长安购置豪宅，也摘不掉自己头上这个"关外民"的标签，这才激发了他的大胆想象——与其自己搬家，不如让函谷关搬家。

但我们难免疑惑，从《资治通鉴》开篇直到现在，几百年的历史看下来，函谷关的重要性可以说无与伦比，怎么可能因为杨仆的一个疯狂念头，就真的更改了如此关键的国家战略规划呢？所以怀疑的声音一直都存在。怀疑派的重要依据有两个：

第一，杨仆立功发生在函谷关移关之后，应劭的说法完全搞错了时间线。

第二，同一时段里，不但函谷关向东移了，还有一个常山关也向东移了。这又怎么解释呢？

在这个问题上，辛德勇先生做出了很有力的考证。他认为整件事和杨仆毫无关系，纯属武帝"强干弱枝"，也就是以关中制衡关东这一基本国策的升级表现。此举大幅度拓展了关中的影响力边界，进一步压缩了关东诸侯的生存空间。（辛德勇《汉武帝"广关"与西汉前期地域控制的变迁》）

胡方先生还有一个推论：武帝这样做也是出于马政方面的考虑，把关东地区为数不多的产马地区收归中央直辖。（胡方《汉武帝"广关"措置与西汉地缘政策的变化——以长安、洛阳之间地域结构为视角》）

关外心

我们作为读者，一方面，了解最前沿的学术成果是很有必要的，毕竟认知总是要更新换代；另一方面，了解前人的"错误"认知也同样重要。

以函谷关东移为例，"杨仆耻为关外民"这个靠不住的说法早已经成为文化语码。李商隐在《荆山》一诗中写道："压河连华势孱颜，鸟没云归一望间。杨仆移关三百里，可能全是为荆山。"前两句形容荆山的雄伟和险峻，这里的荆山位于河南灵宝市南，函谷关旧址之外。当时李商隐从秘书省校书郎外调为弘农县尉，而弘农正是武帝东移函谷关之后新设置的行政区——武帝先是在函谷关旧址设置弘农县，第二年又设置弘农郡。（《汉书·地理志上》）李商隐从京城外放，心里不痛快，借杨仆移关的典故发牢骚。叶葱奇先生解读道：杨仆移关，可能是因为喜爱荆山的雄峻，要把它深置在京辅之内，言外之意是，现在对一个才俊之人却毫不爱惜，把他远摒到了京师以外。(叶葱奇《李商隐诗集疏注》)

李商隐还有一首《出关宿盘豆馆对丛芦有感》，其中颔联写道："昔年曾是江南客，此日初为关外心。"这里的"关外心"同样暗用了杨仆移关的典故。写这首诗时,李商隐又一次受到排挤,这一次是从长安前往江南,途经潼关,在当地名胜盘豆馆里触景生情。这种酸楚绝不是李商隐独有的,历朝历代,京畿地区一直是做官最好的去处,做京官就是比做地方官有面子。这种心态相当普遍,以至于杨仆移关的典故总是容易引发士大夫阶层的共鸣。也就是说,尽管杨仆移关这件事在史实上不成立,但在历史上却产生了深刻而持久的影响,甚至比史实更加真实。

原文:

春,正月,戊子,阳陵园火。

夏,四月,雨雹。

关东郡、国十余饥,人相食。

常山宪王舜薨,子勃嗣,坐宪王病不侍疾及居丧无礼废,徙房陵。后月余,天子更封宪王子平为真定王,以常山为郡,于是五岳皆在天子之邦矣。

徙代王义为清河王。

移关新安之后,春正月,景帝陵园阳陵园失火。夏四月,冰雹成灾,关东地区发生了大面积的饥荒,史书上又出现了"人相食"这三个字。

常山王刘舜过世,继承人刘勃因为不孝和淫乱的罪名遭到废黜，武帝立刘舜的另一个儿子刘平为真定王，将常山国改为常山郡。这样一来，五岳名山都在中央直辖区内了。

但是，这里所谓的五岳是不是我们现代概念里的五岳，并不好讲。根据顾颉刚先生的考证，要等到汉宣帝时代，现代概念里的五岳才正式定型。（顾颉刚《五岳制的确定》）

将五岳名山收归己有，确实符合武帝一贯的做派。这背后也许还有一个比较隐晦的政治动机：与函谷关的东移相呼应，将关东诸侯进一步边缘化。与此配套的政策还有：代王刘义改封清河王。《资治通鉴》未提到的是，这一套组合拳被称为"广关"，顾名思义，武帝通过这些政策，全方位地扩大了"关中"的地理疆域。

原本的代国位于恒山以西，现在代王刘义被迁到恒山以东的清河，而刘平受封的真定国仅包括原先常山国的四个县，既被边缘化，实力也被严重削弱。（辛德勇《汉武帝"广关"与西汉前期地域控制的变迁》；辛德勇《两汉州制新考》）

这几件事的确切时间有点模糊，司马光依据的是《汉书·武帝纪》，但如果参考《汉书·地理志》和《史记·五宗世家》，常山国废国为郡应该是下一年的事情。不过，时隔两千年，这点模糊感已经不再重要。

原文：
是岁，匈奴伊稚斜单于死，子乌维单于立。

就在武帝积极推行"广关"政策的同时，匈奴那边也发生了大事：伊稚斜单于过世，伊稚斜之子乌维继任单于。本年度的大事件到此全部结束。